浙江文化艺术发展基金资助项目

PROJECTS SUPPORTED BY ZHEJIANG CULTURE AND ARTS DEVELOPMENT FUND

浙江文化
基因丛书

吴越◎主编

汤公遗爱

遂昌文化基因

叶飚　何津梅◎编著

杭州出版社

图书在版编目（CIP）数据

汤公遗爱：遂昌文化基因 / 叶飚，何津梅编著.
杭州：杭州出版社，2025.1. -- （浙江文化基因丛书 / 吴越主编）. -- ISBN 978-7-5565-2680-2

Ⅰ. G127.554

中国国家版本馆 CIP 数据核字第 2024QG5923 号

TANGGONG YI'AI——SUICHANG WENHUA JIYIN
汤公遗爱——遂昌文化基因

叶飚　何津梅　编著

策　　划	屈　皓
责任编辑	李竹月
责任校对	张　蕾
装帧设计	卢晓明　魏君妮　屈　皓
美术编辑	卢晓明
责任印务	王立超
出版发行	杭州出版社（杭州市西湖文化广场32号6楼）
	电话：0571-87997719　邮政编码：310014
	网址：www.hzcbs.com
排　　版	杭州立飞图文制作有限公司
印　　刷	天津画中画印刷有限公司
经　　销	新华书店
开　　本	710mm×1000mm　1/16
印　　张	18
拉　　页	1
字　　数	284千字
版印次	2025年1月第1版　2025年1月第1次印刷
书　　号	ISBN 978-7-5565-2680-2
定　　价	68.00元

"浙江文化基因丛书"编委会

吴　越　叶志良　贾晓东　陈　明　孙　琳
沈　军　葛建民　缪存烈　乐　波　赵柯艳
王　俊　陆　莹　林华弟　章鹏华　盛雄生
陈贤敏　胡宏波　周　洁　胡凌凌　王军伟
柳虹羽　屈　皓　庄文新

（排名不分先后）

"浙江文化基因丛书"序

习近平总书记指出："支撑5000多年中华文明延绵至今的，是植根于中华民族血脉深处的文化基因。"[①]浙江是中华文明的重要发源地之一，文化底蕴深厚，文化名人辈出。一叶红船从嘉兴南湖驶出，在时代浪潮中驭势而行；沿"唐诗之路"踏歌而行，千古诗篇回响在山水之间；还有良渚文化、宋韵文化、上山文化、黄帝文化、南孔文化、和合文化、阳明文化、丝瓷茶文化、古越文化、吴越文化……这些文化基因，共同铸就了浙江的"根"和"魂"。

2024年3月6日，浙江省文化广电和旅游厅印发《浙江省文化基因激活工程实施方案（2024—2026年）》，这是继2020年浙江省文化和旅游厅印发的《浙江省"文化基因解码工程"实施方案（试行）》《浙江省"文化基因解码工程"工作导则》和2021年8月浙江省文化和旅游厅印发的《建设文化标识推进文旅融合行动计划（2021—2025年）（试行）》之后，为更好担负起新时代新的文化使命，深入贯彻省委十五届四次全会部署，在全省实施的又一项文化基因重大工程。

---

① 习近平：《携手建设更加美好的世界》（2017年12月1日），人民出版社，2017年，第3页。

文化基因解码工程,是文化基因激活工程的坚实基础。文化基因,顾名思义,是指从文化形态切入,厘清其历史渊源、发展脉络、基本走向,从物质、精神、制度要素,语言和象征符号等进行分析、解码所提取的关键知识内核。文化基因解码,围绕中华优秀传统文化、革命文化和社会主义先进文化,按照3个主类、20多个亚类、约100个基本类型分别归档,确保历史年代、地理位置、流布范围等数据均记录在册,挖掘、研究、阐释优质"文化基因",对全省文化资源进行全面梳理。这是一项集"查、解、评、用"于一体的综合性系统工程。全省开展90个县市区的文化基因解码任务,包括文化元素调查、文化基因解码评价、《文化基因解码报告》撰写、证据资料汇总保存建档等,并在此基础上建成"浙江文化基因库"。文化基因解码,起于"查",终于"用"。"查"就是铺开"一张网",广泛收集区域内的文化资源,作为"解"的对象。"解"重在找准四大要素,提取一组基因。四大要素是指物质要素(如原料、工具、环境等)、精神要素(如思想观念、群体性格等)、制度要素(如乡规民约、族规家规、礼节礼仪、表演技艺、创作技法等)、语言和象征符号(如方言、图形、标志、表情、动作、声音等)。通过对四大要素的分解梳理,遴选重点文化元素作为解码对象,从中提取出关键性的知识(技术)点。然后通过对选择的文化基因解码,从生命力、凝聚力、影响力、发展力四个维度进行质量评价。最终用基因塑造IP,以文旅IP开发作品、设计产品,以作品、产品点亮城市生活、赋能乡村振兴。浙江以文化基因为根、文旅融合IP为脉,打造了一条以城带乡、城乡互促的发展闭环,推动文化资源的"活化"利用,把解码成果与提高人民群众生活品质相结合，这就是"用"。以人文之美推动精神之富足，增强浙江高质量发展建设共同富裕示范区的文化自觉。

显然，文化基因是传承和创新的基石。文化基因作为一个社会文化系统的逻辑起点，是一个社会存在和进化、变革和发展的决定力量。文化基因解码就是要把社会文化系统中所表现出来的文化形态、思维方式、行动模式、礼仪符号、风俗习惯等加以还原，揭示其本初原因和底层逻辑。改革开放四十余年来，浙江出现了令人瞩目的"浙江现象"，表现为快速的经济增长、蓬勃的发展活力、和谐的社会环境、显著的民生绩效。"浙江现象"源于浙江精神和浙江的文化基因。正确界定、充分挖掘浙江文化的内涵价值，解码浙江的文化基因，对于构建起有效支撑文化建设和旅游发展的"四梁八柱"，推动文化建设和旅游发展各项指标持续名列全国前茅，着力建设新时代文化高地、中国最佳旅游目的地、全国文化和旅游融合发展样板地具有重要而深远的意义。

如何寻找突破口？各地在选"码"、解"码"、用"码"的整个闭环中，成立解码专项小组，构建"乡土专家＋高校资源＋系统人才"三方协作机制，高效推进解码工程。首批编辑出版的"浙江文化基因丛书"中汇集的富阳、南浔、南湖、绍兴、瑞安、平阳、苍南、普陀、岱山、嵊泗、定海、临海、南孔圣地、开化、常山、金华（经开区）、遂昌、云和、景宁、宁波江北等地的研究成果，正是在归纳总结、科学分析浙江文化基因的基础上，探索文化基因解码的方法和路径，同时从人类学、社会学的角度，运用现象学原理，在哲学层面进行解构、剖析，既有理论深度，又能方便应用。丛书勾勒出各地推进文化基因解码工程的概貌。成果本身的内容、方法、转化等，对各地都有很强的示范作用和借鉴意义。

可以说，"浙江文化基因丛书"中的成果，以浙江文化高质量发展为目标，以融合发展为重点，紧扣激活优秀文化基因，以文化基因的挖掘利用赋能文化事业和文旅产业发展，为我省文旅发展再上新台阶、为文化浙江建设贡献了力量。

叶志良

2024年秋于杭州

目 录

前 言	001
班春劝农	003
汤显祖与遂昌	017
王村口红色古镇	033
遂昌金矿国家矿山公园	049
遂昌革命纪念馆	063
遂昌长粽	077
长濂村与鞍山书院	089
融德工坊	101
蔡和脸谱	113
茶园武术	125
遂昌茶灯戏	137
汤公音乐节	151
遂昌黑陶	165
遂昌竹炭烧制工艺	179
遂昌车龙	193
遂昌风炉	207

竹编画	219
好川文化	233
广场舞文化	245
昆曲十番	257
"浙江文化基因丛书"后记	271

前　言

　　遂昌位于浙江省西南部，地势西南高东北低，仙霞岭山脉横贯全境，温暖湿润，四季分明。遂昌县环境优美，全县森林覆盖率82.3%，居浙江省前列，拥有原始森林九龙山国家级自然保护区和以县命名的森林公园——遂昌国家森林公园。境内有含晖胜境、乌溪江湖南镇库区、妙高山公园、独山历史文化名村、白马山避暑胜地等自然景观和名胜古迹。遂昌县于2019年7月荣获2019年"中国天然氧吧"创建地区称号；2019年10月，入选2019年度全国绿色发展百强县市；2019年11月，入选第二批国家农产品质量安全县。

　　遂昌的文化和旅游资源独具特色。南尖岩景区位于遂昌西南部，主峰海拔1626米，距县城50千米。游客可由公路直达景区中心海拔1140米的石笋头村。该景区是联合国教科文组织授予的"国际摄影创作基地"，也是遂昌县主要旅游资源集聚区之一。主要包括：天柱峰、神坛峰、千丈岩、小石林、神龟探海等多处奇峰异石构成的地貌景观；霞归瑶池、九级瀑布、龙门飞瀑等构成的水体景观；竹海、针阔混交林、古松为主的生物景观。景区空气清新，富含负离子，全年平均有雾日约200天，形成了独特的云海、日落、长虹、雪景、雾凇、冰挂等自然景观。景区独特的地形地貌，经历代人民勤劳耕耘，形成近2000亩的高山梯田景观。景区所在地石笋头村民居建筑独特，民风淳朴，乡土气息浓郁，当年粟裕将军率领红军还曾在这里开展过游击战争，因此，石笋头村是遂昌县的红色根据地之一，红色文化积淀深厚。绚丽多彩的遂昌文旅资源，必将带动遂昌在浙江山区26县中，走出一条文旅融合、文旅兴县、共同富裕的发展新路。

遂昌县贯彻落实浙江省文化和旅游厅关于开展"文化基因解码工程"的部署，全面开展文化资源调查，根据遂昌文化老人和本地退休老教师的推荐和梳理，积极推进"文化基因解码工程"。通过全面调研、挖掘、记录，共梳理了文化元素近210条，涉及3个主类、22个亚类、67个基本类型，覆盖了中华优秀传统文化、革命文化、社会主义先进文化等多个类型，基本描绘出山城遂昌的文化脉络和精神谱系。

遂昌县着重激活优秀的文化基因并推进高效率转化、高水平应用、高质量发展，通过挖掘文化基因的当代价值，结合实际，转化思路，围绕遂昌17项重点元素，形成遂昌文化基因转化利用方案以及转化思路，旨在加强遂昌优秀文化基因在本县域和周边县市的辐射力、影响力，做好文化基因活态传递，为文旅融合发展服务。

遂昌将贯彻文化自信理念，以优秀的文化基因凝聚全县力量，增强遂昌的文旅市场影响力，建成以文促旅、发展图强的理念，打造遂昌社会全面进步的新格局，为丽水地区高质量建设共同富裕示范区作出新贡献。

许 艳

2023年11月

班春劝农

汤公遗爱 遂昌文化基因

班春劝农

"班春劝农"是遂昌的传统迎春文化形式。"班"同"颁"，"班春"即颁布春令，"劝农"即劝导农事，策励春耕。自古以来，在遂昌任职的县级长官都要在春耕来临之际，举行鞭春仪式，颁布春令、劝农耕作，名曰"班春劝农"。

明代著名文学家汤显祖（1550—1616）于万历二十一年（1593）始任遂昌知县，历五载，以勤政爱民、兴教化、励农桑著称。立春前一日，汤显祖率僚属迎春于青郊，祭春神、鞭春牛、向士民赠"春鞭"，以鞭春仪式，向邑人颁布"春耕令"。汤显祖曾作《班春二首》，诗云："今日班春也不迟，瑞牛山色雨晴时。迎门竞带春鞭去，更与春花插几枝。""家家官里给春鞭，要尔鞭牛学种田。盛与花枝各留赏，迎头喜胜在新年。"汤显祖的名著《牡丹亭·劝农》的民俗背景就取材于遂昌："俺南安府在江广之间，春事颇早。想俺为太守的，深居府堂，那远乡僻坞，有抛荒游懒的，何由得知？昨以吩咐该县置买花酒，待本府亲自劝农。"太守杜宝一上场，就开宗明义地说："时节时节，过了春三二月。乍晴膏雨烟浓，太守春深劝农。农重农重，缓理征徭词讼。"

康熙《遂昌县志》有"立春先一日，迎春于东郊，祭芒神，鞭春牛，民乃兴事"的记载。康熙四十八年（1709），遂昌知县缪之弼在行鞭春礼后，即兴作《春郊劝农》诗，也反映了一年一度的迎春劝农活动实况。

清乾隆年间，迎春活动发展为社会瞩目、全民参与的民俗活动。遂昌县城于立春日，制扎"春牛"，导以仪仗鼓吹，游行于东、西、南、北四门，观者塞路。

民国后，官方劝农活动停办，民间劝农活动依然举行。新中国成立后，大规模的"班春劝农"因"文革"曾一度中断，然而，城乡民众在立春日，家家备香烛，祭天地（神），插梅花、鸣鞭炮，以示"迎春接福"的习俗，一直延续至今。民众视"立春"如大年，敬神祭祀典仪的规模虽比不上春节，但要重于冬至。20世纪70年代末，大田村村民自发组织了"班春劝农"活动，在主祭人周国沅主持下，复原了"班春劝农"活动仪式，包括巡游、上供品、点香烛、祭先农、请勾芒神、插花、赏花酒、鞭打春牛、鸣鞭炮、下田开犁、发放春饼等内容。从此，这一活动被遂昌西部地区民众仿效，规模也逐渐扩大，遂昌民间群体的迎春活动又渐趋恢复。

近年来，遂昌县大力弘扬农耕文化，推动传承保护，注重创新利用，打造特色非遗品牌，同时推动"班春劝农"与农业、旅游等有机融合。截至目前，遂昌县累计举办"班春劝农"复原仪式9届，参加国家、地方各类非遗文化传承相关活动21次；预计带动旅游、农产品销售收入约6.8亿元。此外，"班春劝农"作为我国"二十四节气"中立春节气民俗活动代表，被列入联合国教科文组织人类非物质文化遗产代表作名录。

一、要素分解

（一）物质要素

1.种类丰富的仪式道具

"班春劝农"仪式当天，广场上旗幡招展，鼓乐震天；祭坛正中巍然矗立的神农像前，香烟缭绕；代表各乡里的方阵就位，祭春、鞭春、开春"三部曲"循序展开。在仪式开始前，当地需要准备所有仪式道具，包括迎春队的明代服饰、"班春劝农""风调雨顺""五谷丰登"旗帜、春牛、供品、锣鼓乐器、茶灯、花酒等。

2.悠久的传统迎春文化

"班春劝农"是遂昌的传统迎春文化形式，其俗由来已久，开始于宋，兴于明清。明代著名戏剧家、文学家汤显祖任遂昌知县期间，勤政惠民，于春耕时节都要率衙役带着花酒和春鞭，举行"班春劝农"仪式，奖励农桑，劝农人勤作农事。从那时起，"班春劝农"成为遂昌民间百姓一项重要民俗活动。如今，作为世界级人类非物质文化遗产，"班春劝农"仪式根据汤显祖《牡丹亭》场景及史志记载复原。

（二）精神要素

1."农事害则饥之本，农伤则国贫"的农本思想

古代劝农制度源于"农本"思想。西周及以前，中国实施"农商俱利"的国策，春秋战国时期，小农经济活跃的生命力使其很快成为各诸侯国立国的基础。政治家、思想家纷纷提出"农本思想"：《墨子·七患》中有"以时生财，固本而用财，则财足"；李悝在魏国变法时期提出"农事害则饥之本""农伤则国贫"的著名论断，并且认识到如果农业生产停滞不前，就会出现"饥寒并至"，进而导致"奸邪萌生"的危险局面；商鞅在秦国变法时明确提出"耕织"本业、工商"末利"的农本理论。战国时代开创了我国农业精耕细作的优良传统，农家之学亦逐步兴起。自此，"农本"思想一直贯穿于古代社会并影响至今。汉武帝推广赵过"代田法"、曹操许都屯田、唐太宗治理蝗虫、宋太祖推广作物栽培技术，以及明清帝王与地方官员劝农皆凸显了农本思想。

2."国以民为本，民富而安、贫则危"的民本思想

古代劝农与民本思想息息相关。民本思想始自西周，经历夏商两代的败亡，尤其是"小邦周"灭"大邑商"的历史巨变，周代统治者感到民情不可蔑视。《尚书》记载了"民为邦本，本固邦宁"的宝贵思想，至东周，诸家学说皆凸显重民思想。齐国著名政治家管仲在《管子·霸言》中说："夫霸王之所始也，以人为本，本理则国

固，本乱则国危。"另农家倡导"贤者与民并耕"，墨子培养"农与工肆之人"。儒家思想直接发展了西周"敬德保民"的思想，如孔子《论语·尧曰》："所重：民、食、丧、祭。"孟子"民为贵，社稷次之，君为轻"的思想更是成为古代中国"民本"精神之典范。

3. 勤政爱民、与民同乐的为政之道

明万历二十一年（1593），汤显祖由广东徐闻县调任浙江遂昌知县。史载，汤显祖任遂昌县令五年，实施了学政、判政、农政、德政等方面的一系列兴利除弊、勤政惠民的措施，尤其是将发展农业生产作为头等大事，改变了遂昌的落后面貌。汤显祖所治遂昌，地处浙西南山区，万山千壑，交通闭塞，百姓贫困，无力交赋，因而往往抗赋不交。多年来，拖欠旧赋现象愈演愈烈，历任知县深感头痛。

汤显祖到任后，根据不同对象，采取了不同的办法征赋。对一般百姓，重于劝勉鼓励，能交则交，不计前欠；对豪门大户，则坚决征收，毫不徇情。在春耕农忙时节，他不但停止派夫征税，就连日常的讼事也暂缓审理。为防止土地抛荒，鼓励百姓生产，他深入乡村调查落实。汤显祖在遂昌留下了下乡劝农的"官俗"：每年清明时节，官府备办花酒，送到田间地头，和农民话农桑，聊生产，给农民赏酒插花，鼓励农民发展农业生产。五年间，遂昌安定和谐，并获"仙县"之称，汤显祖则为"仙令"。

4. 祈求风调雨顺、五谷丰登的美好心愿

2011年，"班春劝农"被列入国家级非物质文化遗产保护名录。2016年11月30日，"二十四节气"被正式列入联合国教科文组织人类非物质文化遗产代表作名录，遂昌"班春劝农"作为立春节气民俗活动代表被列入其中。如今，"班春劝农"俨然已经成了遂昌的代名词，"班春劝农"活动一年比一年热闹，遂昌人的汤公情亦是一年深似一年。在典礼活动现场，四里八乡的乡亲纷纷前来，

人山人海。吉时一到，浑厚的鼓声伴着三响土铳声震云霄，祭春、鞭春、开春等典礼环节依序展开。主祭人、陪祭人、山农等众祭拜人在"汤显祖"扮演者的带领下，手执大香行三跪九叩大礼叩拜神农，以祈风调雨顺、五谷丰登。

家的五谷寓意富贵吉祥。开春：农民穿蓑衣，戴斗笠，下田扶犁耕作。游客也可参与活动，免费品尝春饼，喝劝农酒，带五谷回家。

（三）制度要素

1. 规模宏大、内容丰富的班春仪式

班春仪式包含祭春、鞭春、开春三大典礼。祭春分初献、亚献、终献；鞭春分劝农、赠春鞭、插花、七赏春酒、打春鞭；开春分开春、咬春、踏春、谢茶。旗幡引路，鼓乐开道，身长三尺六寸五的"春牛"被抬至场中。上午九点整，司仪宣布：己丑年平昌县祭春吉时到。震天鼓声中，十六位身穿古装的汉子抬着三牲、五谷等供品献上，祭拜者行三跪九叩大礼祭拜先农。由演员扮演知县汤显祖率领民众在乡间祭春，鼓乐阵阵，旗幡招展，祭春队伍抬着全猪、全羊、五谷贡品，奉祭神农。鞭春：遂昌县县长诵读祭文，给农民插花赏酒、赠春鞭。众人鞭打春牛，春牛肚子里溢出五谷，象征着五谷丰登。众人欢抢五谷，带回

"班春劝农"典礼中规模宏大的祭春活动、极具特色的劝农仪式，使得现场观众沉浸在数百年前春耕大典的浓郁氛围之中，感受到内涵丰厚的中国古代农耕文化，分享到迎春开犁、播种丰收希望的喜悦。活动期间，各村各户都拿出自己的文化"压箱宝贝"，石坑口村的十番乐队、上街村的女子十番队等特色表演队伍，昆曲演员的茶艺表演等尤为引人注目。抢春饼、抛五谷等环节更是将现场气氛推向高潮。

2. 以勤劳节俭、从事农耕为教化目标

古代劝农在激励农业生产的同时，还具有重要的教化功能。无论是耕籍之礼，抑或古代社学等模式均体现此双重功能。教化职能包含三层思想。其一，对于农业常识与生产技术的教化，如西周农官有乡师一职，掌劝农，其"行乡里，视宫室，观树艺，简六畜，以时钧修焉。劝勉百姓，使力作毋偷，怀乐家室，重去乡里，乡师之事也"（《管子·立政》），古代主要农业技术几乎均由农官等通过劝农而传承。其二，思想教化，化民成俗。如《尚书·无逸》中周公为教育成王，曰："呜呼！君子所其无逸。先知稼穑之艰难，乃逸，则知小人之依。"这是从正面以稼穑的艰难比喻周先祖创业不易，尤其是要成王懂得民生之疾苦和劳作之艰辛，要善于关心民瘼。其三，以劳动教育助推社会勤劳节俭之风，如颜之推批判士大夫"耘一株苗，不知几月当下，几月当收"，提出"劳动教育思想"，即为典型。另外，农业本身承载着勤俭、辛劳、敦厚等诸多优良品质。如《商君书·农战》中"圣人知治国之要，故令民归心于农，归心于农，则民朴而可正也"，以及"仓廪实而知礼节"皆凸显出教化功能。

3. 传统的二十四节气制度

二十四节气是中国古代订立的一种用来指导农事的补充历法，是中华民族劳动人民长期经验的积累成果和智慧的结晶。中国古代是农业社会，农事需要根据太阳运行情况进行，所以在历法中又加入单独反映太阳运行周期的"二十四节气"，用作确定闰月的标准。中国正统的二十四节气划分源于中国黄河流域。遂昌的地形以"九山半水半分田"为特点，文化底蕴深厚、旅游资源丰富，同时也拥有多样化的传统习俗、传统演艺与特色农事活动。"班春劝农"就是"二十四节气"之一"立春"节气的代表性民俗活动。

二、核心基因提取与评价

基于对材料的全面、深入分析,得出本文化元素的核心基因:"源远流长的国家农本思想""国以民为本的民本思想""以勤劳节俭、从事农耕为教化目标"。

班春劝农核心文化基因评价依据

评价项目	评价因子	评价依据(特点)	是否
生命力评价	文化基因存续的时间	自出现起延续至今,未曾明显中断	√
		自出现起延续至今,但多次衰微、中断后复兴	
		曾明显衰败,改革开放后开始复兴或历史溯源关键环节缺失,难以考证	
		文化形态主体已灭失,现存部分痕迹	
	文化基因的稳定性	在发展过程中保持相当稳定的状态	√
		在发展过程中存在明显的精神内涵、表现形式剧变	
凝聚力评价	文化基因的凝聚力及社会动员效果	曾广泛凝聚起区域群体的力量,显著推动过社会经济文化的发展	√
		曾部分凝聚起区域群体力量,对社会经济文化的发展产生过影响	
		凝聚过力量,创造过实际的发展动能,但未见对社会经济文化发展产生显著改变	
		仅在历史文献或口耳相传中存在,未见实际介入社会经济发展	

续表

评价项目	评价因子	评价依据（特点）	是否
影响力评价	辐射的范围	具有全国性、世界性的影响力	√
		具有长三角区域、浙江省影响力	
		具有市县、乡镇影响力	
	提炼的高度	已经被古代文人士大夫和当代学者提炼为精神符号和理念理论	√
		单纯的样式、造型、工艺技术规范	
发展力评价	与当代精神追求和价值观念的契合	传统文化基因得到创造性转化、创新性发展；区域革命文化基因被完整继承、广泛弘扬；区域社会主义先进文化基因成为与浙江"三个地"相适应的文化高地	√
		部分转化、部分弘扬、部分发展	
		难以转化、难以弘扬、难以发展	

说明：基因特点评价是对解码出来的基因，根据本《导则》表2的要求，围绕"四个力"逐一对表打"√"，进行定性表述

（一）生命力评价

西周以往，中国实施"农商俱利"的国策，春秋战国时期，小农经济活跃的生命力使农本思想很快成为各诸侯国政权立国的基础，此后历经秦汉、唐宋、明清，农本思想延续至今。新中国成立以后，党和政府高度重视保障和改善民生，关注民生、重视民生、保障民生、改善民生，加快推进以民生为重点的社会建设，近年来在教育、就业、医疗、住房、社会保障等方面出台了一系列惠民政策，体现了"民本"思想的传承和发扬。此外，勤劳节俭一直是中华民族的重要精神品质之一，虽然目前人工耕作的农业生产方式已经成为历史，但是这一精神品质长久地留存于每一个中国人心中，成为民族文化基因的一部分。

（二）凝聚力评价

"班春劝农"兴于明代汤显祖任职遂昌时期。在遂昌的五年里，汤显祖秉持农本思想，采取有效措施，发展农业、奖励农事、倡导勤劳节俭，并通过德刑兼施、宽严相济的治理，使遂昌呈现了"琴歌积雪讼庭闲""市上无喧少斗鸡"的升平景象，促进了地方经济的发展，也为后世留下了丰富的精神文化遗产。

（三）影响力评价

农本思想、民本思想以及农耕文化中勤劳节俭的品格源远流长，起源于先秦时期，而且是历代王朝统治者、政治家、思想家治国理政的重要思想，比如孟子"民为贵，社稷次之，君为轻"的思想成为古代中国"民本"精神之典范；汉武帝推广赵过"代田法"、曹操许都屯田、唐太宗治理蝗虫、宋太祖推广作物栽培技术，以及明清帝王与地方官员劝农，皆凸显农本思想；同时，我国民众历来就有勤劳节俭的农耕民族性格。

（四）发展力评价

2009年以来，"班春劝农"仪式每年于遂昌县石练镇淤溪村举办，再现了400年前明代乡村的农耕盛况，同时当地建立了大田民俗馆，收藏农耕文化的实物资料，对农耕文化采取系统的保护。2009年6月"班春劝农"仪式入选浙江省非物质文化遗产名录，2011年6月"班春劝农"正式入选第三批国家非物质文化遗产名录。通过场馆的建设、文化庆典活动的举办、申遗成功，"班春劝农"的核心文化基因"源远流长的国家农本思想""国以民为本的民本思想""以勤劳节俭、从事农耕为教化目标"得到了创造性转化、创新性发展。

三、核心基因保存

"源远流长的国家农本思想""国以民为本的民本思想""以勤劳节俭、从事农耕为教化目标"作为"班春劝农"的核心文化基因,有《遂昌劝农》《汤显祖班春劝农》等12项图片资料,保存于遂昌县文化基因解码调查组资料库。另外,文献有《班春二首》、《牡丹亭·劝农》、康熙《遂昌县志》等。实物材料"班春劝农"大典道具保存在遂昌县大田村。

汤显祖与遂昌

汤公遗爱　遂昌文化基因

汤显祖与遂昌

汤显祖（1550—1616），字义仍，号海若、若士、清远道人，临川（今江西抚州）人，是明代著名戏曲作家、文学家。他出身于书香门第，精通古文诗词，在文坛享有盛誉。

明万历十一年（1583），汤显祖中进士，历任南京太常寺博士、礼部主事。万历十九年（1591），他目睹当时官僚腐败，愤而上《论辅臣科臣疏》，触怒了皇帝而被贬为广东徐闻典史。万历二十一年（1593）春，汤显祖到遂昌任知县，在此期间，他积极施行"仁政惠民"的治县方针，做出了引人瞩目的政绩。汤显祖把教育放在工作首位，建造学舍、射堂，开遂昌书院教育之先，创办了相圃书院，亲自授课讲学，甚至拿出自己的俸禄作为书院经费，还建立了藏书楼"尊经阁"。同时，汤显祖关心民生所系的农业生产，每年的二三月份，他都会亲自下田耕作，以身示教。在公务之余，汤显祖与诸生讲德问业，走访民情，还在县城报愿寺旁重修钟楼，并曾亲自登楼敲钟。

在遂昌任职期间，汤显祖最为人所称道的工作是整治税务、教育囚徒。

明朝遂昌地区的大户人家历来依仗权势，隐田瞒赋，利用多种手段逃脱赋税。汤显祖从征赋入手，有拖欠逃避或抗交赋税者便令"以捕治之"，使赋税收缴得到整治。

在囚徒改造教育上，汤显祖有独特的方法和智慧，主要体现在"除夕谴囚"和"纵囚观灯"两件事中。除夕，汤显祖下令将家在遂昌的犯人放回家去过年，在人道主义精神的感召下，过完年后的囚犯都按时回狱，并对汤显祖感恩戴德。到了元宵节这天，汤显祖又带领囚犯上河桥观灯，让他们也体会欢庆气氛，成为奇闻美谈，在遂昌百姓中口口相传。

在汤显祖的治理下，遂昌人民安居乐业，他自己也过上了神仙般的闲适生活。他自喻遂昌为"仙县"，自己为"仙令"。遂昌的秀美山水和淳朴民风，激发了汤显祖的创作灵感，他修订《紫钗记》，酝酿了举世闻名的《牡丹亭》的创作思路。闲暇之际，汤显祖和地方文士还曾游览山水，写下了大量赞咏遂昌山水风光的诗文。

然而，这位才华横溢、政绩斐然的官员于万历二十六年（1598）愤而弃官归里。明朝末年，政治愈加腐败，权臣排挤、好友受迫害等事件使他对宦途理想破灭，告归之意萌生。遂昌历来矿藏丰富，从唐宋年间就有开采，在全国有一定的影响。万历二十四年（1596），神宗皇帝下诏开矿，汤显祖万般无奈之下奉旨组织民工开矿，但因洞内积水深，开采年久，地方上耗尽财资，一无所获，加上矿使敲诈勒索，百姓深受其害。万历二十六年（1598）春，汤显祖毅然辞官。遂昌士民苦苦挽留，汤显祖感慨万千但去意已决，在遂昌过县衙而不入，不久后就挂冠归里。

汤显祖回临川故里后，逐渐打消仕进之念，潜心于戏剧及诗词创作，在遂昌酝酿了创作思路的《牡丹亭》最终在这里完成。他还经常"亲捔檀板教小伶","自踏新词教歌舞",在实践中发展了自己的戏曲创作理论,并用以指导创作,使他的作品产生了令"听者泪,读者颦,无情者心动,有情者肠裂"的艺术效果。同时,他仍和遂昌士民保持亲密的往来,遂昌人民经常到临川探望汤显祖,汤显祖也总是作诗文相送。万历三十五年(1607),遂昌知县辜志会修葺土城,遣人到临川拜会汤显祖,汤显祖为此作了《遂昌新作土城碑》。万历三十六年(1608),遂昌士民在相圃书院为汤显祖立生祠,派画师徐侣云到临川画来汤显祖画像,挂在祠内供人瞻仰,汤显祖作诗记之。万历四十四年(1616),汤显祖因病在玉茗堂居所去世,享年六十七岁。生前,他要求简殡薄葬,尽早入土为安。汤显祖虽为传统的士大夫,但对传统思想做了批判和斗争,他所做的一切已经成为传统文化中不可分割的一部分。

万历四十六年(1618),遂昌奉祀汤显祖入名宦祠。清康熙五十一年(1712),遂昌建遗爱祠祀奉汤显祖。新中国成立后,遂昌成立汤显祖研究会,在妙高山建遗爱亭,塑汤公像,还发行了汤显祖邮票纪念册和纪念像章。

汤显祖一生处于程朱理学占统治地位的明代中晚期,儒家思想成为他的思想根基,同时,受祖父和达观禅师的影响,他亦具有浓厚的释道思想。复杂的学术思想加上坎坷的生活经历,形成了汤显祖独特的艺术思想,并有着超越前人的突破。在汤显祖的作品中,戏曲作品成就最大,特别是《牡丹亭》,不但为中国人民所喜爱,而且传播到英、日、德、俄等国,被视为世界戏剧艺术的珍品。

一、要素分解

（一）物质要素

1. 丰富的戏剧以及诗文作品

汤显祖在文学方面的造诣，让他在年轻时就享誉文坛。他的传奇作品堪称中国古代文学宝库中的奇葩，代表作《紫钗记》《牡丹亭》《南柯记》《邯郸记》，合称《玉茗堂四梦》或《临川四梦》。在遂昌，他修订《紫钗记》，并作了《紫钗记》题词，举世闻名的《牡丹亭》也在此酝酿创作。《玉茗堂四梦》从明清时期就有多种刻本传世。特别是《牡丹亭》，自问世以来，古今曲谱不胜枚举。古今各界对《牡丹亭》的评价也颇高，明代著名文学家沈德符在《顾曲杂言》中说："《牡丹亭梦》一出，家传户诵，几令《西厢》减价。"日本学者青木正儿还将汤显祖与西方的莎士比亚作比，誉其为"东方的莎士比亚"。《牡丹亭》自登上戏剧舞台，久演不衰，历久弥香。

2. 富有文化底蕴的汤显祖纪念馆

遂昌汤显祖纪念馆位于丽水市遂昌县，始建于1995年，是遂昌人民为纪念汤显祖而兴建的专题性历史名人纪念馆。2006年，原纪念馆和省级文物保护单位——明代民居陈家大屋整合，整合后的纪念馆占地面积约2500平方米，同年被评为"中国华侨国际文化交流基地"。遂昌汤显祖纪念馆充分利用明清古建筑的独特布局进行陈列布展，馆舍自西向东由前院、馆舍、后园三部分组成，为五开间前后厢房布局，具有典型的浙南民居前厅后楼的布局特色。纪念馆融汤显祖文化与古建筑艺术美于一体，辟有"读书求仕""遂昌施政""平昌遗爱""艺术思想"等几个展区，展示了汤显祖生平、政教治绩、艺术成就、遗爱深情。

3. 东西方文化融合的汤显祖戏曲小镇

汤显祖戏曲小镇位于丽水市遂昌县城妙高街道与三仁乡接合部，于2017年8月份被列入第三批创建类省级特色小镇。汤显祖戏曲小镇以汤显祖《牡丹亭》中的"爱情"主题为核心，以东西方爱情文化交流互鉴为特色，致力于打造文化旅游产业生态圈的爱情体验小镇。汤显祖戏曲小镇结合"汤缘""戏韵"，培育戏曲文化项目，融入戏曲文化精髓。在曲巷中用情景演绎的方式将戏曲文化活灵活现地展现到观众眼前；建造戏曲传承学校，将昆曲十番列入特色课程；建立戏曲学院戏剧培训基地，与浙江省职业艺术学院合作建立实习基地并组织大型戏剧演出；将汤公论坛中心作为戏剧文化研讨中心……这些都彰显了遂昌对复兴中国优秀传统文化的高度自觉。

小镇的核心区块关雎文化园，将汤显祖和莎士比亚作品中关于东西方的爱情文化进行提取、展示，代表了汤显祖戏曲小镇中"爱情"的那一颗浪漫之心，也成为一座连接东西方文化的桥梁。爱情无国界，在关雎文化园中，东方街区与西方街区并存，东方礼仪与西方浪漫共融。这里有以实景方式展现的中西爱情经典戏剧，有经典作品《牡丹亭》实景演出，有被称为"昆曲活化石"的国家级非遗项目遂昌昆曲十番，有以传统东方之礼为新人见证的东方礼堂，有将汤显祖戏曲推向世界的汤·莎国际戏曲论坛，这些共同促进了戏曲文化与外界的交流。

（二）精神要素

1. 注重教育、农耕、民生的施政理念

在遂昌上任后，汤显祖关注民生，办学舍和射堂。当时县里的办学经费不够，汤显祖便拿出自己的俸禄和诉讼费作为办学资金，后又从寿光宫、城隍庙拨田25亩，作为书院的经费来源。书院建成后，他亲自教授讲学，与诸生一起习射，并作《相圃新成十韵示诸生》以记之。汤显祖上任第二年，又创建了藏书楼"尊经阁"，也就是遂昌早期的图书馆。当时一位京官——遂昌人项应祥作《平昌汤侯尊经阁记》，颂扬汤显祖的才学和德政。同时，汤显祖十分关心国计民生所系的农业生产。每年的二三月份，他都会亲自下乡劝农，向农民赠春鞭、赏花酒、劝农作、祈丰收。他不但来往田畈与农民共商农耕之事，还亲自下田耕作，以身示教。"家家官里给春鞭，要尔鞭牛学种田。盛与花枝各留赏，迎头喜胜在新年。"在遂昌几年，汤显祖写了《丙申平昌戏赠勾芒神》《丁酉平昌迎春口占》《迎春口占二首（甲午）》等迎春劝农诗。《牡丹亭》第八出《劝农》，描写了南安太守杜宝下乡劝农的欢乐场景，正是汤显祖在遂昌劝农生活的真实写照。

同时，汤显祖关注老百姓的日常生活，"平息虎患"是汤显祖在遂昌的又一显著事迹。遂昌地处山区，古时虎患严重，汤显祖到遂昌的第一年，发生了老虎啃伤村童的事故。为此，汤显祖组织丁壮打虎，然而民间传说虎受山神保护，一时间无人敢应征。汤显祖即以神道设教，祷告城隍之神，说："吾与神共典斯土，人之食人者吾能定之，而不能于止虎。民曰有神。夫虎亦天生，贵不如人。神无纵虎，吾将杀之。"表示自己打虎的决心，鼓舞了乡民的士气。汤显祖还亲自率领乡勇到三仁乡叶坞村打虎，先后杀虎十七只，解决了虎患。汤显祖为此在城东建灭虎祠，并作《遂昌县灭虎祠记》。[①]

2. 轻刑宽狱、注重感化的治民理念

汤显祖在遂昌还有两大壮举："除夕谴囚"和"纵囚观灯"。除夕前，汤显祖下令让家在遂昌的犯人回家过年，限他们正月初三回狱。当时就连他的夫人也不放心，担心囚犯滋事或逃跑。汤显祖劝慰他的夫人，说以诚待人，以情感人，人非草木，他们是决不会背信弃义的。事实证明，在汤显祖动之以情、晓之以理的人道主义精神的感召下，囚犯均按时回狱，并且个个感恩戴德，真心改过。到了元宵这天，汤显祖又带领囚犯上河桥观

---

① 此为古代之事。按《野生动物保护法》，今人当对老虎等野生动物加以保护。

灯，让他们也体会到节日里的欢庆气氛。这两件事成为奇闻美谈，在遂昌百姓中口口相传。"纵囚观灯"遗址在县城东街，只是当年的廊桥已成了水泥大桥，后人为纪念汤显祖的这一德政，在桥头建造了玉茗亭。

3. 绵绵不绝的官民相惜之情

万历二十四年（1596），神宗皇帝下诏在遂昌开矿，百姓深受其害，汤显祖因此事非常愤懑，于万历二十六年（1598）春进京上计，失败后在愤怒和无奈中毅然辞官。归途中，遂昌士民闻讯纷纷赶赴扬州，迎逢于南门外，老少牵衣，苦苦挽留。"富贵年华逝不还，吏民何用泣江关。清朝拂绶看行李，稚子牵舟云水间。"汤显祖感慨万千，深情写下了《戊戌上巳扬州钞关别平昌吏民》，表达了他对遂昌人民的深厚感情。汤显祖弃官归里后，仍和遂昌士民保持亲密的往来。遂昌人民经常到临川探望汤显祖，汤显祖也总是作诗相送。万历三十五年（1607），遂昌知县辜志会修葺土城，遣人到临川拜会汤显祖，汤显祖为此作了《遂昌新作土城碑》。万历三十六年（1608），遂昌士民在相圃书院为汤显祖立生祠，派人画像挂在祠内，汤显祖作诗记之。万历四十六年（1618），遂昌奉祀汤显祖入名宦祠。

（三）制度要素

1. 注重创新、理论和实践并举的创作方法

汤显祖回临川后，致力于戏剧和文学创作，在遂昌酝酿并创作的《牡丹亭》最终完成。他不但呕心沥血地创作剧本，还经常"亲掐檀板教小伶"，"自踏新词教歌舞"，用海盐腔指导宜黄戏的排练和演出，在实践中反复琢磨、检验、发展自己的戏曲创作理论，并用以指导创作，使他的作品产生了令"听者泪，读者颦，无情者心动，有情者肠裂"的艺术效果。

2. 以言情为核心的艺术思想

汤显祖一生处于明代中晚期，一方面程朱理学占艺术思想的统治地位，另一方面新生学派不断崛起。汤显祖以儒家思想为根基，而笃信道教的祖父对他的影响，以及和达观禅师的交往，又使他具有浓厚的释道思想。复杂的学术思想和坎坷的生活经历，造就了汤显祖具有独特性、突破性的艺术思想。"言情"是汤显祖艺术思想的核心，他在许多作品中都表达了这一观点。他用"言情"分析人生和天地，因情成梦，因梦成戏。

3.注重农耕的"班春劝农"活动

每年立春前一天，遂昌都要举办"班春劝农"活动。"班春"即颁布春令，"劝农"即劝导农事，策励春耕。如今在石练镇淤溪村，再现了400多年前的农耕盛况——祭春神、鞭春牛、向百姓赠春鞭，人们以鞭春礼仪纪念汤显祖。

（四）语言和象征符号
山水秀美和民风淳朴的"仙县"形象

在汤显祖的治理下，遂昌人民安居乐业，过着世外桃源般的生活。汤显祖也因此过上了神仙般的闲适生活。他自喻遂昌为"仙县"，自己为"仙令"。遂昌的秀美山水和淳朴民风激发了汤显祖的创作灵感，他修订《紫钗记》，并作了《紫钗记》题词，酝酿着《牡丹亭》。这些作品的诞生进一步增加了"仙县"形象的艺术底蕴和文化深度。

二、核心基因提取与评价

基于对材料的全面、深入分析,得出本文化元素的核心基因:"丰富的戏剧以及诗文作品""绵绵不绝的官民相惜之情""山水秀美和民风淳朴的'仙县'形象"。

汤显祖与遂昌核心文化基因评价依据

评价项目	评价因子	评价依据(特点)	是否
生命力评价	文化基因存续的时间	自出现起延续至今,未曾明显中断	√
		自出现起延续至今,但多次衰微、中断后复兴	
		曾明显衰败,改革开放后开始复兴或历史溯源关键环节缺失,难以考证	
		文化形态主体已灭失,现存部分痕迹	
	文化基因的稳定性	在发展过程中保持相当稳定的状态	√
		在发展过程中存在明显的精神内涵、表现形式剧变	
凝聚力评价	文化基因的凝聚力及社会动员效果	曾广泛凝聚起区域群体的力量,显著推动过社会经济文化的发展	√
		曾部分凝聚起区域群体力量,对社会经济文化的发展产生过影响	
		凝聚过力量,创造过实际的发展动能,但未见对社会经济文化发展产生显著改变	
		仅在历史文献或口耳相传中存在,未见实际介入社会经济发展	

续表

评价项目	评价因子	评价依据（特点）	是否
影响力评价	辐射的范围	具有全国性、世界性的影响力	√
		具有长三角区域、浙江省影响力	
		具有市县、乡镇影响力	
	提炼的高度	已经被古代文人士大夫和当代学者提炼为精神符号和理念理论	√
		单纯的样式、造型、工艺技术规范	
发展力评价	与当代精神追求和价值观念的契合	传统文化基因得到创造性转化、创新性发展；区域革命文化基因被完整继承、广泛弘扬；区域社会主义先进文化基因成为与浙江"三个地"相适应的文化高地	√
		部分转化、部分弘扬、部分发展	
		难以转化、难以弘扬、难以发展	

说明：基因特点评价是对解码出来的基因，根据本《导则》表2的要求，围绕"四个力"逐一对表打"√"，进行定性表述

（一）生命力评价

遂昌是汤显祖的主政地和文学艺术创作之地，自明万历二十一年（1593）春至遂昌任知县，汤显祖积极施行"仁政惠民"的治县方针，做出了引人瞩目的政绩。在汤显祖的治理下，遂昌人民安居乐业，他自己生活闲适，文思泉涌，修订《紫钗记》，酝酿《牡丹亭》。闲暇之际，汤显祖和地方文士还游览山水，写下了大量赞咏遂昌山水风光的诗文，并流传至今。可见，400多年来，汤显祖的主政、文艺创作经历是遂昌明代辉煌历史和地域文化的重要组成部分，并影响至今。

（二）凝聚力评价

汤显祖一生十五年从政生涯中，有三分之一的时间是在遂

昌度过的。他清正廉洁、政简讼清、勤政惠民、体恤民情，深得百姓爱戴，口碑载道，至今影响深远。他奖掖农桑，鼓励农业生产，提高农业生产技术，促进了农业发展；建立了相圃书院、藏经阁，下乡劝农耕读，使遂昌读书成风；他创作不断，吟诗作赋，啸歌抒怀，在当地留下了大量的作品，其享誉世界的代表作《牡丹亭》即酝酿于此。因此，汤显祖推动了明代遂昌的政治、经济、文化水平，还为后世留下了戏剧艺术瑰宝。作为本文化元素的核心基因，"丰富的戏剧以及诗文作品""绵绵不绝的官民相惜之情""山水秀美和民风淳朴的'仙县'形象"，曾广泛凝聚起区域群体的力量，显著推动过社会经济文化的发展。

（三）影响力评价

汤显祖把遂昌称为"仙县"，自诩"仙令"，他一生仕途所遇、所思、所想、所悟，仿若埋在"姹紫嫣红"园内的宝藏，随着时间的雕琢与春雨的滋养，慢慢在这方绿水青山中被城市探得，被民众熟知。在这座县城，游客随处都可以见到汤公的身影，汤显祖纪念馆、戏曲公园、汤公园、牡丹亭路、汤公大道，甚至包括高速路出口的文化墙，都是近年来展示"汤公文化"的新窗口。在充满文艺感的大街小巷里，在古朴雅致的山乡阡陌，处处景致向世人诉说着汤显祖的才气和豪情。他影响和改变着一座山城的气质，让每一个置身其中的人，都被文艺所吸引、所影响。遂昌由此弥漫着文艺与诗情，成为国内颇具文化底蕴的县城，文化积累丰厚且具有国际文化传播力。汤显祖的《牡丹亭》等剧作，是中华文化的瑰宝，不但为中国人民所喜爱，而且已传播到英、日、德、俄等国，被视为世界戏剧艺术的珍品。

（四）发展力评价

看戏、说戏、唱戏，是遂昌人平日里喜爱的文化娱乐休闲方式，这与汤显祖的戏曲在此扎了根、生了情有莫大关联。同时，汤显祖给遂昌带来了乡村好民风，正如他在《牡丹亭》中描述的那样："〔长相思〕你看山也清，水也清，人在山阴道上行。春云处处生。〔生、末〕正是官也清，吏也清，村民无事到公庭。农歌三两声。"他所倡导的这"山清水清、官清吏清、劝学劝农"的思想，对当下的生态文明、政治文明、社会文明实践也具有重要的借鉴意义。另外，"班春劝农"还原了传统中国农耕生产和农村生活的场景，在自然与人文、封闭与开放、农耕文明与城市文明的碰撞融合中传承发展，让现代人体验农耕文化的魅力与内涵，感受大自然的纯真，体会农民耕作的艰辛，领略农耕文明的博大精深，让人们在体验中增进对自然的了解，增强对自然的热爱与敬畏。遂昌不仅将汤显祖文化沉淀下来，而且借历史文化优势发展形成浓厚的文化艺术氛围，紧跟时代发展的现代气息，有利于推进国际传播能力建设，讲好中国故事、传播好中国声音。

三、核心基因保存

"丰富的戏剧以及诗文作品""绵绵不绝的官民相惜之情""山水秀美和民风淳朴的'仙县'形象"作为汤显祖与遂昌的核心基因,有《遂昌施政》等8项文字资料,保存于遂昌县文化基因解码调查组资料库。另外,出版物有《明神宗实录》、历代《遂昌县志》等。汤显祖的传世作品中,传奇有《紫箫记》《牡丹亭》《紫钗记》《邯郸记》《南柯记》,后四种合称《玉茗堂四梦》或《临川四梦》,诗文集有《红泉逸草》《玉茗堂集》等。实物材料汤显祖纪念馆位于丽水市遂昌县北街4弄12号,还有与汤显祖密切相关的戏曲公园、汤公园、牡丹亭路、汤公大道等。

王村口红色古镇

汤公遗爱　遂昌文化基因

王村口红色古镇

王村口镇位于遂昌西南部，距县城约 50 千米，总面积 165 平方千米，辖 13 个行政村。自清代康熙朝（1662—1722）之后，这里人烟稠密，贸易兴盛，是乌溪江上游的繁忙口岸，竹木柴炭的集运埠头，闽浦通往衢州的要道。

王村口镇是南方三年游击战争时期中国工农红军挺进师开创的浙西南游击根据地的中心地区。1935 年，红军挺进师二纵队政委、中共浙西南特委委员洪家云在此宣布成立王村口苏维埃政府，中共浙西南特委直属的王村口区委、王村口苏维埃政府设在此。同年，红军挺进师还在天后宫举行庄严的八一示威誓师大会。

王村口镇有省级文物保护单位天后宫、宏济桥、蔡相庙、挺进师师部旧址、白鹤尖红军纪念亭等革命遗址。

天后宫，系福建会馆、妈祖女神庙，又名天妃宫，位于王村口镇桥东村，始建于清乾隆五十九年（1794）。1935年7月，挺进师师部进驻王村口镇以后，该址成为挺进师的主要活动场所。1935年7月29日，挺进师在此召开八一示威誓师大会，极大地推动了游击根据地建设和革命形势发展。1987年3月，政府在此设立了遂昌县革命斗争史展览；2005年6月，天后宫改设为中国工农红军挺进师斗争史王村口陈列馆（遂昌县革命斗争史展览于2003年6月改设到大柘泉湖寺中共遂昌支部旧址）。

宏济桥位于王村口桥东、桥西两村之间，横跨关川溪，连接两村街道，是通衢入闽要津。该桥始建于明代，后多次被洪水冲圮，亦多次重建，现存的桥修建于20世纪20年代。1935年8月，中国工农红军挺进师在此桥上召开群众大会，成立浙西南特区王村口苏维埃政府。1936年6月，粟裕率部智取王村口，恢复浙西南游击区的工作，又在此召开群众大会，中共浙西南特委书记许信焜主持大会，粟裕向群众作宣传演说。

蔡相庙位于王村口桥西村街道中心转角处，始建于清乾隆年间（1736—1795）。蔡相庙奉祀的是二十四位山农。相传，五代十国时期，遂昌西乡有二十四位异姓青年，虽家境贫穷，但正直善良，常带领乡亲伐木，救济乡邻，为乡邻做好事，为百姓打抱不平。二十四位青年伐木殉难后，百姓深信他们已得道成仙，将保佑百姓，故特为他们立庙，每年农历七月举行祭祀庙会。在挺进师师部进驻王村口以后，蔡相庙成为挺进师主要领导人办公地、挺进师政委会会议地、王村口苏维埃政府驻地。1935年7月，挺进师政委会在此召开会议，决定主动出击，举行八一示威誓师大会。

挺进师师部旧址位于王村口桥西村街道西侧，建于民国初年，原系桥西村程氏地主住宅。建筑包括正屋五开间，两墙边设楼梯弄，二层地面与天井、边厢齐平，底层低于地面2.79米，明间檐枋雀替上有鸡鸭的图案，比较少见。红军挺进师师部进驻王村口时，程氏地主已举家逃亡，此住宅遂成为挺进师师部机关驻地,粟裕、刘英及师部机关人员曾住在此地。

白鹤尖红军纪念亭位于王村口桥西村西南端白鹤尖山岗上。西边为乌溪江,东边为通向龙泉、浦城的唯一大道,白鹤尖山岗为制高点,成了扼制王村口交通的咽喉要塞。1934年底和1935年初,红军北上抗日先遣队洪家云部两度袭取王村口时,都首先攻占此地;1935年7月,挺进师进驻王村口后,在此布兵,筑有战壕等;1935年9月,国民党军大举进攻游击根据地,洪家云率部坚守王村口,在此浴血奋战;1936年6月,粟裕率部智取王村口时,首先进占此地。1985年,当地政府在此建亭,以资纪念。

近年来,王村口镇通过深入实施红色项目建设,树立红色旗帜、雕刻红色元素、张贴红色标语,培育古镇红色旅游新风情。古镇以1935文旅街区、月光山路等路段为重点,融入党建特色,丰富党建文化内涵。在此基础上,古镇还进一步加强红色旅游产品开发,推出红军帽、手工蓑衣、手工扫帚等红色旅游产品,开展"红军分发粮食""游客重走红军路"等旅游活动,同时充分挖掘红色元素,改建中国工农红军挺进师纪念馆,修

缮粟裕陵园、天后宫、解放桥等革命旧址，新建1942遂昌民众营救美国飞行员纪念馆、廉政展陈馆、乡贤馆等展馆。

王村口镇借鉴井冈山培训模式，建成了浙西南首个融传授与体验为一体的干部教育培训学院。截至2019年底，浙西南干部培训学院共吸引来自省内外各类培训班612个班次，达32345人次；王村口1935文旅古街已完成41个特色小店的招商，完成木槿花宴、毛氏布鞋等6个示范店的建设。王村口按照"红色引人，古色、绿色留人"的开发思路，强化文旅项目建设保障，积极争取上级有关部门的支持，开展了桥西村的历史文化村项目建设；同时举办了"红军古道团队越野赛"和"九龙过江舞端阳"等节庆活动，进一步提升了红色古镇的品牌效应。

一、要素分解

（一）物质要素

1. 丰富的红色资源

王村口镇已荣获国家国防教育示范基地、全国红色旅游经典景区、浙江省爱国主义教育基地、浙江省干部教育培训现场教学示范基地、浙江省党史教育基地、长三角区域旅游系统党性教育基地等称号。王村口镇设有八一示威誓师大会旧址、挺进师召开群众大会会址、苏维埃政府旧址、挺进师师部旧址、粟裕将军陵园等现场教学点。

2. 可守可攻的优越地理位置

王村口镇位于九龙山自然保护区的山脚下，地形复杂，加

之当时乌溪江水陆码头舟楫来往频繁，水路运输发达，物资运输方便，十分适合打游击战，所以粟裕选择王村口镇作为根据地。

3. 中国工农红军挺进师纪念馆

在王村口镇，一座青砖黛瓦仿古建筑就是中国工农红军挺进师纪念馆。馆内设置"策应长征，临危受命""挺进浙江，掀起革命高潮""浴血奋战，再次掀起革命高潮""坚决斗争，实现团结抗日""挺进师烈士，永垂不朽""丰功伟绩，光照千秋""鱼水情深，百世景仰"7个展室，陈列布置展板150余幅，无不诉说着当年振奋人心的革命往事。

4. 刘英、粟裕纪念馆

刘英、粟裕纪念馆以图文资料、革命文物、模拟场景等形式，再现了刘英、粟裕的生平事迹，还有他们率领红军挺进师在王村口镇战斗的革命史迹。走进纪念馆，可以充分感受战争年代的艰辛，学习革命先辈坚韧不拔的精神。

5.1942遂昌民众营救美国飞行员纪念馆

由粮仓改造的1942遂昌民众营救美国飞行员纪念馆，共分为"国破山河碎""日军偷袭珍珠港""美军反击东京湾""民众营救飞行员""日军血腥报复""中美友谊长存"六大板块。纪念馆模拟了3号机组坠毁的场景，真实再现了"二战"期间，中美两国人民同仇敌忾、共同抗日，遂昌人民救援这架飞机上的三名美国飞行员的往事。

6. 遂昌县廉政教育基地

遂昌县廉政教育基地，共分上下两层，由"寻廉""惊梦""笃行"三个篇章构成，以拒腐防变为主线，通过图片、文字、视频等形式，充分展示党的十八大以来全面从严治党的重大成果和遂昌优秀的家风家训文化，并对近年来查处的党员干部违纪违法典型案例进行剖析，用身边事教育身边人。该基地是激发党员干部永葆革命青春的"加油站"，是提高干部素养和本领的"大熔炉"。

（二）精神要素

1. 顽强拼搏、奋勇斗争的红色精神

1935年，粟裕将军带领中国工农红军挺进浙西南开展游击战争，并将师部和领导中心设立在王村口镇，创

建了浙西南游击根据地。王村口镇见证了浙江革命从力量薄弱到站稳脚跟，经浴血奋战达到革命高潮的全过程。在这个过程中，无数革命先烈长眠于此地。王村口镇作为红军挺进师的根据地，见证了挺进师的战斗历程，记录了挺进师的丰功伟绩，孕育了顽强拼搏、奋勇斗争的红色精神，传承了挺进师的不朽精神。

2. 不畏生死的爱国精神

据史料记载，在浙西南游击根据地，国民党七万大军曾经"清剿"挺进师，血洗根据地，那时的红军将士浴血奋战，众多革命先烈壮烈牺牲。1984年5月，依粟裕将军遗愿，将军的部分骨灰在月光山入土为安，与牺牲的战友共长眠。当年，上千村民前来迎接粟裕将军的骨灰，古镇成了挺进师革命历史的见证、红军将士永远的家。1985年4月，月光山公园建成，遂成粟裕将军陵园，当时粟裕将军的夫人楚青偕同儿媳等参加纪念碑揭碑仪式，在陵园内亲手植下两株广玉兰，并题诗二首：

山色迷蒙云雾里，清溪曲折万松中。
一村老幼扶携出，月光园内仰遗风。

当年鏖战此山中，碧血染得乌溪红。
军民鱼水深情在，浩气长存月光峰。

3. 同仇敌忾、共同抗日的斗争精神

1942遂昌民众营救美国飞行员纪念馆分为"国破山河碎""日军偷袭珍珠港""美军反击东京湾""民众营救飞行员""日军血腥报复""中美友谊长存"六大板块，再现了"二战"期间，中美两国人民同仇敌忾、共同抗日的往事。

4. 鱼水情深的军民情

1934年12月，为帮助龙泉碧龙源的群众解决生活困难，在闽浙周边开展游击斗争的闽北军区红三团决定袭取遂昌西部重镇王村口。12月17日下午，洪家云率部及数百饥民首袭王村口镇。此次行动异常顺利，未遇任

何阻击，王村口的伪政府人员和土豪劣绅闻风丧胆，早已逃之夭夭。红军进入王村口镇后，找群众谈心，书写墙头标语，以消除群众顾虑，宣传共产党和红军的政策；随后由贫苦农民当向导，没收土豪劣绅的粮食、钱财，分发给贫苦农民，并将没收的13头大肥猪屠宰后分发给群众。同时，根据群众要求，红三团抓捕一贯为富不仁、欺压群众的土豪，令其家属拿钱赎取，以示惩罚。红三团袭取王村口镇，有效地宣传了共产党和红军的政策，鼓舞了该地区人民群众闹革命、求解放的勇气和信心，为挺进师在此建立游击根据地奠定了基础。

（三）制度要素
厚重的历史文化传承机制

乌溪江的存在，让身处群山深处的偏僻小镇王村口享有丰富的商旅文化、妈祖文化（码头文化）。独特的遂昌西乡民间信仰、饮食习惯及蔡相庙的传说，处处表现出遂昌丰富的地方文化特色，宏济桥、天后宫、蔡相庙及成群的古民居等，代表着王村口镇的古色，活化石般的古建筑群在丽水甚至整个浙江都独领风骚。王村口风情小镇的成功创办，又给古镇注入了新的活力。

二、核心基因提取与评价

基于对材料的全面、深入分析,得出本文化元素的核心基因:"丰富的红色资源""厚重的历史文化传承""鱼水情深的军民情"。

王村口红色古镇核心文化基因评价依据

评价项目	评价因子	评价依据(特点)	是否
生命力评价	文化基因存续的时间	自出现起延续至今,未曾明显中断	√
		自出现起延续至今,但多次衰微、中断后复兴	
		曾明显衰败,改革开放后开始复兴或历史溯源关键环节缺失,难以考证	
		文化形态主体已灭失,现存部分痕迹	
	文化基因的稳定性	在发展过程中保持相当稳定的状态	√
		在发展过程中存在明显的精神内涵、表现形式剧变	
凝聚力评价	文化基因的凝聚力及社会动员效果	曾广泛凝聚起区域群体的力量,显著推动过社会经济文化的发展	√
		曾部分凝聚起区域群体力量,对社会经济文化的发展产生过影响	
		凝聚过力量,创造过实际的发展动能,但未见对社会经济文化发展产生显著改变	
		仅在历史文献或口耳相传中存在,未见实际介入社会经济发展	

续表

评价项目	评价因子	评价依据（特点）	是否
影响力评价	辐射的范围	具有全国性、世界性的影响力	√
		具有长三角区域、浙江省影响力	
		具有市县、乡镇影响力	
	提炼的高度	已经被古代文人士大夫和当代学者提炼为精神符号和理念理论	√
		单纯的样式、造型、工艺技术规范	
发展力评价	与当代精神追求和价值观念的契合	传统文化基因得到创造性转化、创新性发展；区域革命文化基因被完整继承、广泛弘扬；区域社会主义先进文化基因成为与浙江"三个地"相适应的文化高地	√
		部分转化、部分弘扬、部分发展	
		难以转化、难以弘扬、难以发展	

说明：基因特点评价是对解码出来的基因，根据本《导则》表2的要求，围绕"四个力"逐一对表打"√"，进行定性表述

（一）生命力评价

王村口古镇兼具红色、古色、绿色三色之美，占得天时、地利、人和，是红色旅游、休闲度假旅游开发的最佳选择，资源优势不可多得。目前，红色资源已有浙西南干部培训学院作为整合平台进行提炼开发，并取得了骄人业绩；古色资源融进风情小镇建设，文旅古街基本成形；绿色资源有国家级自然保护区——九龙山，森林覆盖率达到98.8%（2009年），出境水常年保持I类水质标准，空气中负氧离子平均浓度高达每立方厘米12000多个。这三者相辅相成，共同引领了王村口的红色旅游，呈蓬勃发展之势。

（二）凝聚力评价

王村口红色小镇成立了王村口旅游风情小镇管委会，由县委常委担任管委会主任，相关部门主要领导担任副主任和委员，协同推进资金筹集、建设管理、运行服务等各项工作。坚持规划先行，紧扣创建目标，突出革命旧址的保护和利用，将省级风情小镇建设规划、省级历史文化名镇规划、桥东历史文化村落保护规划、小城镇综合整治规划四规合一，坚持一张蓝图管到底，并充分发挥周边乡镇的文化特色和自然禀赋，丰富和拓展旅游风情小镇的产业链。王村口镇还成立了专家咨询委员会，聘请华东师范大学历史系教授团队、本地专家学者等担任咨询顾问，制定工作标准，出台负面清单，把控建设品质，提供专业、科学、有针对性的指导和帮助。依托旅游优势，王村口镇发展民宿经济、农村电子商务，让更多的农副产品成为旅游地商品。

（三）影响力评价

近年来，王村口镇充分整合小城镇环境综合整治、爱国主义教育基地建设、历史文化村落保护利用重点村等项目，着力打造"研学、旅居、团建、会议"四大精品旅游目的地，创成全省首批AAAAA级景区镇，向着全国红色旅游示范小镇迈进。王村口深耕内容，提升红色旅游品质，持续开发"百里红军古道定向越野赛""妈祖文化节""红色文化节""音乐节"等文旅IP，助推革命老区红色文化与体育、旅游等融合发展，吸引社会资本"入场"。

（四）发展力评价

2016年，遂昌依托王村口及周边乡镇丰富的红色资源，借鉴井冈山干部学院培训模式，成立了浙西南（遂昌）红色教育干部培训中心（后称浙西南干部培训中心）。该中心创新试行政府监管、国资控股、市场运作的模式，突出"培训层次多样化、课程开发专业化、教师队伍多元化、运作模式市场化"四大办学特色，构建"专题+现场+情景"的教学体系，以"一场景一人物，一故事一主题"的教学模式，精心设计了"重走红军路""夜袭白鹤尖""扎筏泅渡"等10余项红色体验课程，全力营造了沉浸式的红色教学氛围，让红色基因内化于心、外化于行，推动由单一的红色文化传承向红色教育培训的产业升级。近年来，王村口"红色古镇"共接待省内外各类培训班和游客40余万人次，实现经济收入2.1亿元，促进农民人均收入每年按9.6%递增，努力探索出一条新时代乡村振兴发展的新路子。如今，王村口AAAAA景区镇整体提升工程正如火如荼地推进。

三、核心基因保存

"丰富的红色资源""厚重的历史文化传承""鱼水情深的军民情"作为王村口红色古镇的核心基因,有《红色古镇》《浙西南干部培训学院》等文字资料8份,保存于遂昌县文化基因解码调查组资料库。实物材料王村口红色古镇位于浙江省丽水市遂昌县王村口镇。

遂昌金矿国家矿山公园

汤公遗爱　遂昌文化基因

遂昌金矿国家矿山公园

遂昌金矿国家矿山公园景区位于浙江省遂昌县东北部，距遂昌县城16千米，距龙丽高速遂昌东出口10千米。2005年，遂昌金矿国家矿山公园成为全国首批国家级矿山公园之一，园区总面积33.6平方千米，其中矿业遗迹展览区是矿山公园的核心区域，面积为6.3平方千米。

遂昌金矿开采历史悠久，在初唐时期就已被发现并开采，距今已有1300多年。据《遂昌县志》《菽园杂记》等历史文献记载，以及中国地震局对矿硐内发掘的各种实物进行科学测定，可知从初唐至明代末年，这里一直有开采活动。

北宋时，金、银矿采冶已初具规模，据《宋史·地理志》《宋会要辑稿·食货》，处州遂昌盛产金银，称"永丰银场"，平均年产白银八万两。《明史》《浙江通志》《菽园杂记》中也有记载，明代这一地区的矿坑星罗棋布，开采冶炼兴盛，到明代中期，处州一带产银一度高达八万七千余两，成为全国最大矿银产地，其探矿、采矿、冶炼技术长期居世界领先水平。

明万历二十一年（1593），汤显祖任遂昌知县，主持遂昌金矿的开采冶炼。万历二十四年（1596）底，宦官曹金任江浙矿使前往浙江。次年春到达浙江主产区遂昌，督办银矿坑冶，并虚报矿坑73处，勒逼时任遂昌县令汤显祖复开黄岩坑矿硐。为了排除矿内积水，先后共动用水车135辆。由于时年矿税沉重，加之矿政暴虐，汤显祖极力反对开矿。明万历二十六年（1598）初，汤显祖辞官回乡。

汤显祖走后，黄岩坑继续排除矿坑积水，至万历二十七年（1599）仍未疏干。后因无利可图，再加上发生了大面积塌方造成一百多名矿工死亡的重大伤亡事故，神宗皇帝才不得不同意黄岩坑"报罢"。康熙《遂昌县志》云："石崩，毙百余人，寻奉诏报罢。"万历三十五年（1607），汤显祖应邀作《遂昌新作土城碑》，云："境旁数矿，近诏止采，盗亦时时有之。"这是有关黄岩坑矿业活动现存最近的实时记录。遂昌县银坑山矿区古代开采从此湮没无闻。

约在公元1800年，有福建商人发现治岭头硫铁矿，当即采运少量矿石回乡试炼，结果优于其乡所产。遂购运炼磺的主要器具——陶罐来矿区从事采炼，清光绪《遂昌县志》记载："硝磺出东乡土人，俱于直（治）岭头采取，取石融之，其液流为磺，其渣再烧为矾红。"民国二十二年（1933），治岭头村民周普等人创办遂昌县美富硫磺厂，后由浙江省建设厅接办，改名浙江省遂昌县硫磺采炼厂。同时，民间有小规模的硫磺采炼，一直至1954年结束，此后被国营遂昌黄铁矿接管。1976年7月，遂昌金矿正式成立，浙江省解放后的第一块金砖便在此诞生。

遂昌金矿国家矿山公园项目于2007年9月11日在浙江省发改委立项，是浙江省循环经济"991"行动计划的重点项目，主要包括综合服务区、黄金博物馆、矿业遗迹保护区、古代黄金冶炼展示区、研学科普区、现代黄金工业展示区、山水休闲观光区、地域特色文化展示区，以及沙里淘金、金砖浇铸、拥抱金砖等互动娱乐区。

矿区有四个主要特点：一是自然环境非常优美；二是采矿历史非常悠久；三是黄金文化非常丰富；四是名人效应非常显著。

遂昌金矿凭借以上四点优势，在全国首批28个国家矿山公园中，建成国内唯一以"黄金之旅"为主题的国家矿山公园，先后荣膺"国家AAAA级景区""中国黄金之旅"称号，成为浙西南重要的旅游景区之一。

一、要素分解

（一）物质要素

1. 完整的矿业遗迹

遂昌矿区拥有唐、宋、明时期的金银矿采坑、冶炼遗址和近代硫磺采炼遗址，而且历代开采遗迹千姿百态，其规模之大，探矿、采矿、选矿、冶炼工艺之先进，令人叹为观止，是我国农耕文明时代重要的工业遗产，对古代矿业史和矿冶科技史研究具有重要意义。

这里有200余处古代开采银（金）矿的遗迹，其中黄岩坑古矿硐为国家一级矿业遗址，是浙闽赣古代银矿产区内规模最大、保存最完整、古代文献记载最翔实的遗址，是国内稀有

的有条件完全恢复"烧爆法"采矿、"吹灰法"冶炼工艺场景的矿山。古矿硐仍留有平台、石磨、龙骨水车残骸、砖砌通风管、撑木、碎陶片和青瓷碗等大量历史文物。

2. 优美的生态环境

遂昌金矿地处亚热带季风气候区，奇峰秀水，林幽涧碧，有古树群10多个，古树名木770多棵。矿山在开发过程中投入生态环境保护、植被恢复方面的资金近3000万元，将所有裸露的山体荒坡、废弃尾矿、废石堆进行复垦，全部披上了绿装。整个矿区绿化布局合理，可绿化面积绿化率达99.9%。遂昌金矿区域负氧离子可达1万多个/立方厘米，而在北月台区域可达3万多个/立方厘米，环境优美，鸟语花香，景色宜人。

（二）精神要素

1. 丰富的黄金文化

遂昌金矿历经千年，有着丰厚的文化积淀，赋予了遂昌金矿区别于其他矿山公园的独特的历史文化内涵。黄金文化令人产生浓厚的新鲜感与神秘感，是遂昌金矿区别于周边其他景区的独特的旅游资源优势。遂昌金矿山公园的建立既有利于该地区矿山工业旅游、生态旅游的发展，又是对"遂金"千年历史文化、黄金文化的发掘和传承。

2. 显著的名人效应

明朝万历年间，《牡丹亭》作者汤显祖任遂昌知县。在遂昌任上，他兴利除弊，颇受当地百姓爱戴，在主持金矿开采时，曾多次到实地视察，与矿工结下了深厚的感情，留下了多篇与遂昌金矿有关的诗文，其中《感事》一诗写道："中涓凿空山河尽，圣主求金日夜劳。赖是年来稀骏骨，黄金应与筑台高。"汤显祖与遂昌金矿形成了独特的历史渊源。

据记载，遂昌金矿与历史上两位著名的民族英雄曾结下不解之缘。明代抗倭将领戚继光于嘉靖三十五年（1556）任浙江参将，指挥抗倭。他到矿山召集囚犯、苦力、矿工3000多人，组成威名远扬的"戚家军"，经过南征北战，终于打败倭寇，成就了一代"民族英雄"。另一位是宋代抗元将领文天祥，他散尽家财筹集款项，组建抗元义军，在抗元斗争中，文天祥先后两次到遂昌金矿召集矿工加入义军，1275年，文天祥到金矿召集矿工加入义军时，曾在文山上夜宿，写下《夜坐》一诗。现在，矿山公园景区建起"夜起亭""夜坐亭""正气亭"来纪念这位民族英雄。

（三）制度要素

1. 现代选矿氰化工艺的工序

在矿山公园，游客通过参观现代黄金冶炼工艺观光区，可以了解黄金冶炼的全过程。现代选矿氰化工艺分为六道工序：第一道工序是破碎，通过颚式破碎机和圆锥破碎机进行二段破碎，经振动筛筛分，符合要求的颗粒被输送到粉矿仓；第二道工序是磨矿，在球磨机内加入水和大小不等的钢球，把进入球磨机内的矿石碾碎，粒度达到要求的矿浆，进入浮选槽；第三道工序是浮选，把选矿药剂加入浮选槽，经搅拌产生气泡，使矿浆中的含金矿物粘附在气泡上，旋转的刮板将上升到表面的金精矿刮出；第四道工序是浸出，进入浸出槽的金精矿与加入的氰化钠发生化学反应，金银矿物溶解到液体里，成为金氰络合物；第五道工序是洗涤，通过洗涤设备，分离金氰络合物，形成贵液；第六道工序是置换，在贵液中加入锌粉，把金银置换沉淀下来，成为金泥。

从金泥中提炼黄金又要经过四个步骤。第一步是酸洗，在金泥中加入硫酸进行酸洗，去除杂质和金银以外的其他金属。第二步是熔炼，酸洗后的金泥配入一定比例的熔剂，在中频炉中熔炼，上部是渣，下部是金银合金，这就是著名的现代烧结工艺。第三步是电解，将金银合金浇铸成阳极板，电解时金粉落入阳极袋，银粉在阴极析出；金粉经硝酸洗涤后，浇铸成金阳极板，再进行金电解形成金箔。第四步是浇铸。经过高温熔化，浇铸成不同规格、成色在99.99%以上的金锭、银锭。

2.感受古代探矿、采矿、冶炼的场景

明代《菽园杂记》记载:"于顽石中隐见矿脉,微如毫发,有识矿者得之,凿取烹试。"这说明古人已掌握矿的识别与试验方法。古人采矿始终沿着富矿脉前行,当矿脉缩小时,矿洞变小,仅容一人弯腰通过;当矿脉变大时,矿洞亦随之扩大;而当矿脉被断层错开时,往往会有多个探矿巷道,沿着这些巷道最终都会准确找到断层另一侧的矿体。一条条或宽或窄的巷道,讲述着古人对矿体变化规律的深刻认识,同时也印证了古矿"天然地下博物馆"的别称。

二、核心基因提取与评价

基于对材料的全面、深入分析,得出本文化元素的核心基因:"完整的矿业遗迹""丰富的黄金文化""显著的名人效应"。

遂昌金矿国家矿山公园核心文化基因评价依据

评价项目	评价因子	评价依据(特点)	是否
生命力评价	文化基因存续的时间	自出现起延续至今,未曾明显中断	√
		自出现起延续至今,但多次衰微、中断后复兴	
		曾明显衰败,改革开放后开始复兴或历史溯源关键环节缺失,难以考证	
		文化形态主体已灭失,现存部分痕迹	
	文化基因的稳定性	在发展过程中保持相当稳定的状态	√
		在发展过程中存在明显的精神内涵、表现形式剧变	
凝聚力评价	文化基因的凝聚力及社会动员效果	曾广泛凝聚起区域群体的力量,显著推动过社会经济文化的发展	√
		曾部分凝聚起区域群体力量,对社会经济文化的发展产生过影响	
		凝聚过力量,创造过实际的发展动能,但未见对社会经济文化发展产生显著改变	
		仅在历史文献或口耳相传中存在,未见实际介入社会经济发展	

续表

评价项目	评价因子	评价依据（特点）	是否
影响力评价	辐射的范围	具有全国性、世界性的影响力	√
		具有长三角区域、浙江省影响力	
		具有市县、乡镇影响力	
	提炼的高度	已经被古代文人士大夫和当代学者提炼为精神符号和理念理论	√
		单纯的样式、造型、工艺技术规范	
发展力评价	与当代精神追求和价值观念的契合	传统文化基因得到创造性转化、创新性发展；区域革命文化基因被完整继承、广泛弘扬；区域社会主义先进文化基因成为与浙江"三个地"相适应的文化高地	√
		部分转化、部分弘扬、部分发展	
		难以转化、难以弘扬、难以发展	

说明：基因特点评价是对解码出来的基因，根据本《导则》表2的要求，围绕"四个力"逐一对表打"√"，进行定性表述

（一）生命力评价

"十三五"期间，遂昌金矿自觉履行国有企业社会责任，利用旅游矿硐、黄金博物馆、小火车广播等资源优势，结合每年"世界地球日""全国土地日""全国科普日"等活动主题，开展爱国主义教育和国土资源主题科普活动。在景区内配套建设了一座免费向公众开放的黄金博物馆，展示介绍矿业开采、黄金冶炼等主题的科学技术知识和研究成果，定期组织丽水、衢州等周边地区的中小学生到矿山公园开展夏令营、冬令营等科普实践活动，每年参与科普活动的人员在1万人次以上。2018年，遂昌金矿国家矿山公园从参加申报的众多世界级、国家级地质公园、矿山公园中脱颖而出，被命名为"第四批国土资源科普基地"，成为全国黄金行业第一个资源保护类"国

土资源科普基地"。

（二）凝聚力评价

通过对丰富的矿业遗迹、独特的古代名人效应和良好的矿山生态环境等资源的有机整合，昔日的废旧矿山成为热门的旅游景区。遂昌金矿国家矿山公园的建设使企业取得了良好的经济效益，同时，也进一步推进了矿区及周边地区的环境治理工作，有效地保护了唐、宋、明三朝千余年的矿业遗迹，还在一定程度上缓解了社会就业压力，改善了当地居民的生活条件。

（三）影响力评价

遂昌金矿国家矿山公园是长三角地区唯一的黄金矿山旅游产品，也是全国高等级景区中唯一以矿山为主题的景区。遂昌金矿是目前全世界唯一活着的千年金矿，开采历史长达1500多年，并且至今还在开采。景区内环境优美、四季气候宜人，景区银坑山水库已连续7年发现对生长环境要求极高、被称为"水中大熊猫"的桃花水母。遂昌金矿国家矿山公园是国家循环经济和可持续发展的实践工程，是全国资源型企业转型升级的成功典范，是全国"绿水青山就是金山银山"理念教育实践基地。

（四）发展力评价

遂昌金矿始终坚持"生产与生态并重、治理与开发一体"的新型工业化生产模式，治理历史遗留污染，修复矿山生态环境，保护千年矿业遗迹，实施循环经济战略，发展文化旅游产业，成为浙江实践"绿水青山就是金山银山"理念的典范。遂昌金矿矿山公园地处秀山丽水之中，含千年之古韵，将矿山企业的生产转型与生态环境保护有机结合，已经成为全国矿山公园的典范。这种以点带面、以区域带动乡镇乃至县与城市的全面发展亦是可借鉴的模式之一。

三、核心基因保存

"完整的矿业遗迹""丰富的黄金文化""显著的名人效应"作为遂昌金矿国家矿山公园的核心基因,有《亮丽的旅游风景线》《绿水青山换来金山银山》等文字资料8份,保存于遂昌县文化基因解码调查组资料库。实物材料遂昌金矿国家矿山公园位于浙江省丽水市遂昌县东北部。

遂昌革命纪念馆

汤公遗爱　遂昌文化基因

遂昌革命纪念馆

遂昌县是浙西南党组织的诞生地，红色文化资源丰富。遂昌革命纪念馆位于大柘泉湖胜境，泉湖寺约建于清嘉庆年间，1914年重修，本为文昌阁，曾为习文讲学之所。1923年，遂昌县立第二高等小学迁址于此。1927年1月，浙西南第一个党组织——中共遂昌支部在此建立，这标志着中国共产党在浙西南播下了第一颗革命火种，预示着革命烈火从此点燃整个浙西南大地。纪念馆前方的铜雕是1927年中共遂昌支部诞生时宣誓的情景，当时仅有4名党员，谢甫塘任书记，陈恂任宣传委员，杨立程任组织委员，隶属中共杭州地委。

遂昌革命纪念馆建筑面积680平方米，讲述了新民主主义革命时期，中国共产党领导遂昌人民为争取民族解放、革命胜利而英勇奋斗的光辉历史。纪念馆由浙西南第一个中共组织（中共遂昌支部）的诞生，浙西南第一个县级中共组织（中共遂昌县委）的建立，浙西南第一支革命武装（遂昌县工农革命军）的建立，打响浙西南革命武装斗争第一枪（遂昌工农革命军举行武装暴动），遂昌、松阳、宣平三县红军举行武装暴动，中国工农红军挺进师建立浙西南革命根据地，掀起抗日救亡高潮，中共组织空前发展壮大，坚决抵制反共逆流，重建领导核心坚持斗争，联络浙东走出困境，重新开展武装斗争迎接革命胜利等12个展出部分组成。同时，设有党员宣誓厅。

纪念馆共设有火炬造型雕塑1座，微缩场景2个，人物雕塑2个，实物展柜11个，展出珍贵文物67件（其中遂昌县文馆办借展革命文物26件，其余通过走访200多户老革命及革命后代征集获得），还有迫击炮、机关枪等高仿武器30余件。目前该馆是集主题雕塑、文物展示、场景再现、现代技术综合运用于一体的综合性革命纪念馆。

提到遂昌革命纪念馆，就不得不提到遂昌革命纪念馆管理员朱宗鹤，他是中共遂昌支部旧址（遂昌革命纪念馆）的管理员。从2003年至2022年，他已经坚持了一个人的升旗仪式20年。2021年6月，朱宗鹤被授予"浙江省优秀共产党员"称号。朱宗鹤用平凡的日常，诠释不平凡的一诺千金。朱宗鹤说："共产党一切都是为了人民。既然承诺了，就要一辈子做到。"他22岁就入党了，他认为党员就是要不断地学习成长，讲敬业、讲奉献，在严格要求自己的同时，全心全意为人民服务。

朱宗鹤在题为《一生最荣耀之日》的日记中，这样写道："我将有生之年，继续发挥余热，努力工作，来报答党和人民，感恩党和政府。"

如今，泉湖寺已经发展成了远近闻名的爱国主义教育基地，每天都有游客过来参观学习。朱宗鹤老人诠释的信仰之力会像星星之火一样，点燃每一位游客内心深处的红色火种，弘扬践行浙西南革命精神，让红色精神绽放出新的时代光芒。

如今，朱宗鹤收了两名徒弟。两个人曾跟着朱宗鹤在泉湖寺升旗、讲解、守护革命旧址，立志将老人的升国旗事业一直坚持下去。

遂昌是中国共产党在浙西南最早建立组织、最早领导开展武装斗争之地，也是红军挺进师策应长征、掀起浙西南革命高潮的领导中心和赢得浙江团结抗日新局面、结束三年游击战争之地，革命历史特别丰富。

丰富的革命历史，蕴藏着共产党人坚守信念、坚定信心、对党忠诚、不怕牺牲、一心为民、无私奉献、勇于担当、自强不息、坚忍不拔等宝贵精神，是后人汲取精神营养的宝库。

中共遂昌支部旧址，是浙西南第一个党组织的诞生地。为纪念那段不平凡的历史，为便于后人学习、铭记遂昌革命历史，从中汲取精神营养，特在此设立遂昌革命历史陈列展览。

一、要素分解

(一)物质要素

1.旅游资源分布广泛

遂昌红色文化旅游分布广泛。由于遂昌是挺进师的主要活动基地和战斗场所,县域内各个乡镇均有一定的红色文化旅游资源分布。其中等级较高的资源分布比较集中,主要以王村口古镇为中心向四周带状辐射,分布在南尖岩、白马山等自然景观、人文景观附近,为遂昌革命纪念馆打造红绿结合、红古结合、红俗结合的复合型红色文化旅游精品目的地提供了良好的区位优势。

2.红色文化旅游资源丰富、独特

遂昌是我国一个革命老区,1927年就成立了浙西南第一个党支部，1934年至1937年间，中国红军挺进师以遂昌县王村口镇为根据地，在此开展了三年艰苦卓绝的游击战争，粟裕、刘英等老一辈革命家在这里留下了众多的史记和故事传说。遂昌的红色文化旅游资源类型众多，包括遗物、遗址、革命故事和纪念建筑物等。

3.红色文化的知名度和影响力较大

遂昌红色文化旅游资源主要是三年游击战争时期遗留下来的，由于"三年游击战争"在当时掩护中央红军战略转移中具有重要意义，之后建立的"闽浙赣游击根据地"又是当时国内最大的敌后地方革命根据地，所以遂昌红色文化的知名度和影响力都较大。另外，遂昌的红色文化旅游资源又与粟裕将军的革命生涯及丰功伟绩紧密相连，是他个人革命生涯崛起的地方。粟裕将军一生伟大的军功和业绩离不开他早年在遂昌几年的探索和斗争。

（二）精神要素

军民同心的爱国精神

抗战全面爆发后，遂昌是全省3个战时经济建设实验县之一。遂昌民众抗战热情高涨，遂昌妇女缝制的200余双布鞋，连同500余元现金及众多的草鞋、毛巾、牙刷、肥皂等物资，以及1万多封慰问抗日将士信一齐涌向抗日前线。

中共遂昌中心县委还特别指示在城区工作的党员，绣制了一面献给新四军的锦旗，通过地下交通送达新四军军部，以表达后方人民与子弟兵并肩战斗的决心。锦旗上款为"献给叶、项军长并全体指战员"，居中的主题为"战斗"二字，落款为"中共处州特委遂昌中心县委"。在抗日救亡运动中，开办民众夜校、创办报刊、发行进步书籍、演出抗日戏剧、书写标语、散发传单、通俗演讲、歌咏、绘画、纪念大会、火炬游行等各种形式的抗日救亡宣传，席卷整个遂昌。

遂昌革命纪念馆所在地大柘镇是战时经济实验区，当时的工作主要集中在政治文化和经济建设两方面，围绕着建设新农村和宣传动员民众抗战而进行。

（三）制度要素

践行"绿水青山就是金山银山"

理念，加快"红绿"融合发展

近年来，遂昌县依托良好的生态环境，结合丰富的红色文化资源，加快"红绿"融合发展，构建红色产业高质量发展体系，努力打造全国"红绿"融合发展的独特品牌，让"红色浙西南、绿色新遂昌"品牌更加闪亮。国务院出台的《关于新时代支持革命老区振兴发展的意见》，首次将浙西南革命老区写入其中，成为国家层面12个振兴发展革命老区之一。因"红"而兴，因"绿"而富。遂昌在弘扬浙西南革命精神中，深入持久践行"绿水青山就是金山银山"理念，走出了"红绿"融合的新路子，开辟了新时代高质量绿色发展的"丽水之路"。

二、核心基因提取与评价

基于对材料的全面、深入分析,得出本文化元素的核心基因:"红色文化旅游资源丰富、独特""红色文化的知名度和影响力较大""军民同心的爱国精神"。

遂昌革命纪念馆核心文化基因评价依据

评价项目	评价因子	评价依据(特点)	是否
生命力评价	文化基因存续的时间	自出现起延续至今,未曾明显中断	√
		自出现起延续至今,但多次衰微、中断后复兴	
		曾明显衰败,改革开放后开始复兴或历史溯源关键环节缺失,难以考证	
		文化形态主体已灭失,现存部分痕迹	
	文化基因的稳定性	在发展过程中保持相当稳定的状态	√
		在发展过程中存在明显的精神内涵、表现形式剧变	
凝聚力评价	文化基因的凝聚力及社会动员效果	曾广泛凝聚起区域群体的力量,显著推动过社会经济文化的发展	√
		曾部分凝聚起区域群体力量,对社会经济文化的发展产生过影响	
		凝聚过力量,创造过实际的发展动能,但未见对社会经济文化发展产生显著改变	
		仅在历史文献或口耳相传中存在,未见实际介入社会经济发展	

续表

评价项目	评价因子	评价依据（特点）	是否
影响力评价	辐射的范围	具有全国性、世界性的影响力	√
		具有长三角区域、浙江省影响力	
		具有市县、乡镇影响力	
	提炼的高度	已经被古代文人士大夫和当代学者提炼为精神符号和理念理论	
		单纯的样式、造型、工艺技术规范	
发展力评价	与当代精神追求和价值观念的契合	传统文化基因得到创造性转化、创新性发展；区域革命文化基因被完整继承、广泛弘扬；区域社会主义先进文化基因成为与浙江"三个地"相适应的文化高地	√
		部分转化、部分弘扬、部分发展	
		难以转化、难以弘扬、难以发展	
说明：基因特点评价是对解码出来的基因，根据本《导则》表2的要求，围绕"四个力"逐一对表打"√"，进行定性表述			

（一）生命力评价

为加快红色文化旅游发展，中共中央办公厅、国务院办公厅于2004年印发了《2004—2010年全国红色文化旅游发展规划纲要》，2005年被国家旅游局定为"红色文化旅游年"，国家还将红色文化旅游纳入社会主义核心价值观学习教育内容，从而强化了红色文化旅游的政治效益和社会效益。"红色文化的知名度和影响力较大"指遂昌作为中国工农红军挺进师在浙江建立的第一块革命根据地，其革命意义非同一般，因而遂昌开发红色文化旅游有其重要的历史意义。"红色文化旅游资源丰富、独特。"浙江省发改委印发的《浙江省红色文化旅游发展规划（2006—2010）》在资金安排、项目建设、人才发展等方面都给遂昌以政策倾斜，这对发展遂昌革命纪念馆红色旅游至关重要。

"军民同心的爱国精神"指遂昌积极开展"浙西南革命精神"弘扬践行活动，实施遗址保护利用工程，修缮大柘泉湖寺，修建遂昌革命纪念馆。在馆内开展红色讲解员、红色小导游培训，成立义务讲解员队伍，配备电子讲解系统，完善导览系统。

（二）凝聚力评价

遂昌革命纪念馆的建立代表了遂昌人民与共产党部队"军民同心的爱国精神"。1947年2月，临时边委与处属特委合并，成立新的中共处属特委，统一领导浙西南地区的革命斗争。7月，中共遂昌组织重新改特派员制为委员会制，恢复中共遂昌县委。建立县委武工队，开展抗丁抗暴、镇压叛徒特务、惩处地主恶霸、摧毁国民党乡村基层政权等一系列武装斗争，打击地方反动势力，动摇国民党地方当局的统治，解救人民群众，建立起白马山革命根据地，发展壮大革命力量。与此同时，中共闽浙赣区（省）委城市工作部所属组织派员到遂昌县城开辟了城市工作。1949年5月6日，中国人民解放军第二野战军第三兵团第十一军第三十二师师部挺进遂昌湖山地区，与中共遂昌县委会合，解放了农村局部地区。5月8日，该师第九十五团自龙游向遂昌挺进，解放遂昌县城。中共遂昌县临时工作委员会的干部、中共遂昌县委的干部和县委武工队人员相继入城接管。至此，长期浴血奋斗的中共遂昌组织和遂昌人民，终于迎来了革命的胜利。在漫长的革命征途中，遂昌涌现出许多英烈楷模，他们追求真理，捍卫信仰，不畏艰险，前仆后继，用自己的青春和热血，浇筑了红色江山的基石。

（三）影响力评价

遂昌县坚持走"绿水青山就是金山银山"的绿色生态之路，抢抓"文旅融合"发展机遇，以打造"瓯江山水诗路"为目标，立足优越的生态环境和丰富的文化内涵，倾力打造"文旅融合"遂昌样板，助推"诗画浙江"中国最佳旅游目的地建设。因其"红色文化旅游资源丰富、独特""红色文化的知名度和影响力较大"，2001年泉湖寺筹资重建，2003年正式开馆，2004年成为县级爱国主义教育基地，2006年成为丽水市爱国主义教育基地，2012年中共遂昌县委组织部又将泉湖寺命名为党员爱国主义远程教育基地。二十几年来，泉湖寺景区积极完善自我建设，加强媒体宣传，知名度不断提升。"军民同心的爱国精神"指一直以来，镇党委高度重视泉湖寺革命旧址建设工作，通过党史学习、党员提醒、入党宣誓、重温誓词等形式加强党员教育，弘扬革命精神，传承泉湖文化，将泉湖寺打造成遂昌县党员宣誓平台，充分发挥革命旧址爱国爱党教育作用。

（四）发展力评价

长三角和浙江省经济整体的快速发展给遂昌革命纪念馆带来了前所未有的历史机遇。遂昌作为长江三角洲经济区的组成部分，沪、杭、温经济区域的辐射地带，随着区域一体化进程的发展，因其"红色文化旅游资源丰富、独特""红色文化的知名度和影响力较大"，遂昌红色旅游市场的发展有着良好的环境，其发展进入功能与空间两大结构重组和提升的关键时期。特别是遂昌交通环境的改善，县内交通主要干线有龙丽高速、50省道、51省道以及遂龙公路复线与三际线，而现有龙丽高速已融入浙江省"四小时经济圈"，为旅游客源输送带来了契机。

三、核心基因保存

"红色文化旅游资源丰富、独特""红色文化的知名度和影响力较大""军民同心的爱国精神"作为遂昌革命纪念馆的核心基因,有《浙江遂昌:以文旅融合打造"诗与远方"》《秀山丽水铺展"红绿"融合大美画卷》《遂昌革命纪念馆》等文字资料6份,保存于遂昌县文化基因解码调查组资料库。实物材料遂昌革命纪念馆位于丽水市遂昌县大柘泉湖胜境。

遂昌长粽

汤公遗爱　遂昌文化基因

遂昌长粽

在浙江丽水遂昌县，有一种粽子历史悠久，外形修长，独树一帜，名为遂昌长粽。它的长度从几十厘米到一两米不等，以其独特的外观和香糯细腻的口感为遂昌地区人民所喜爱，是家人亲友团聚时的必备美食，因寓意幸福、团聚而获"分享粽""长情粽"之美称。

制作遂昌长粽须选用优质食材，并用传统手工工艺制成。以梅干菜肉馅长粽为例，制作前要准备好用灰汁水浸泡成黄色的糯米、土猪肉和梅干菜等食材，土猪肉和农家梅干菜荤素搭配，使粽子香而不腻。制作时，须将两张野生高山箬叶平铺在手中，用一勺糯米垫底，放上两块土猪肉和少许梅干菜，再用一勺糯米盖住馅料，如此反复，一般需九至十张箬叶包裹，最后用龙须草扎紧箬叶，紧紧扎成八至九节，一个遂昌长粽才算制作完成。包好的粽子经过四至五小时的柴火慢煮后，粽身金黄油亮，粽米香糯润滑，内馅细腻柔软，汁水鲜美黏稠。

美味的遂昌长粽自古以来就是当地端午习俗的重要组成部分。在遂昌地区，夫妻结婚后第二年的端午节被称为"送大端午"，新婚的女婿要备齐厚礼送给女方父母及亲戚，而厚礼之一就是长粽。新婚夫妇回娘家时，男方必须送大小长粽给丈母娘家，寓意夫妻二人爱情"天长地久"、日子"甜甜蜜蜜"；小孩周岁，亲友们吃"周岁酒"，外婆家则要裹上百根长粽，祝福小孩子"长命百岁""吉祥如意"；端午佳节，一家人围炉而坐，把长粽切成段与家人分享，祈愿日子红红火火，长长久久。遂昌人送长粽，送的不仅仅是美味，更是祝福。因此，长粽不仅是一款最能代表中国古老文化的传统美食，而且是一种代表遂昌人民期盼美好姻缘和家人团圆的外在表达。

近年来，遂昌长粽特色产业发展态势良好，产量逐年攀升，销量进入快速增长期。据不完全统计，2020年全县长粽产量达200万根，产值突破1亿元。长粽的火爆，还带动了周边相关产业，如土猪养殖、高山原生态糯米种植、箬叶采摘等成为遂昌群众增收致富的新兴渠道。与此同时，遂昌地方政府部门以"长粽经济"为抓手，开展了包括"丽水味道"端午宴大赛、"妈妈的味道，'粽'望所归"端午粽子大赛、特色小吃和生态食材品鉴展销等文化、旅游活动，旨在围绕遂昌长粽品牌建设，以节气文化搭台、活动产品唱戏，进一步传承弘扬乡村优秀农耕文化，加快美丽乡村向美丽经济转化，助力乡村振兴。

一、要素分解

（一）物质要素

品质上乘的高山箬叶

遂昌长粽采用高山箬叶包裹。高山箬叶韧劲强、叶片厚、香气足，包制嘉兴五芳斋粽子的箬叶大约70%来自遂昌大山深处，所以可以毫不夸张地说，是遂昌的好山好水好粽叶共同成就了遂昌长粽，使其成为浙江十大农家特色小吃之一，还在各类美食大赛上屡获金奖。目前，遂昌县野生箬竹资源有30多万亩，2020年采收箬叶2500余吨，年产值达6500万元。

（二）精神要素

以形之长寓情之深的情感内涵

自古以来，遂昌人有"送端午"的习俗，其实送的就是长粽。新婚女婿在端午前拜访岳父岳母、小孩周岁酒、家人团聚等时刻，都要送长粽。可见，遂昌长粽跟遂昌的传统习俗和遂昌人的情感表达是不可分割的，长粽独特的外形使人们赋予了它独特的意义——粽子越长，情意越深。因此，长粽不仅是遂昌地区古老的传统美食，而且是亲友间情意的外在表达。

（三）制度要素

1. 传统的手工制作技艺

长粽采用传统的手工制作技艺。以梅干菜肉馅长粽为例，制作前要准备好用灰汁水浸泡成黄色的糯米、土猪肉和梅干菜等食材，土猪肉和农家梅干菜搭配形成荤素黄金配比，使粽子香而不腻。制作时，须将两张野生高山箬叶平铺在手中，用一勺糯米垫底，放上两块土猪肉和少许梅干菜，再用一勺糯米盖住馅料，如此反复，一般需九至十张箬叶包裹，最后用龙须草扎紧箬叶，紧紧扎成八至九节，一个遂昌长粽才算制作完成。包好的粽子经过四至五小时的柴火高温慢煮后，粽身金黄油亮，粽米香糯润滑，内馅细腻柔软，汁水鲜美黏稠。

2. 历史悠久的食粽习俗

美味的遂昌长粽自古以来就是当地端午习俗的重要组成部分。在遂昌地区，夫妻结婚后第二年的端午节被称为"送大端午"，新婚的女婿要备齐厚礼送给女方父母及亲戚，而厚礼之一就是长粽。新婚夫妇回娘家时，男方必须送大小长粽给丈母娘家，寓意夫妻二人爱情"天长地久"、日子"甜甜蜜蜜"；小孩周岁，亲友们吃"周岁酒"，外婆家则要裹上百根长粽，祝福小孩子"长命百岁""吉祥如意"；端午佳节，一家人围炉而坐，把长粽切成段与家人分享，祈愿日子红红火火，长长久久。遂昌人送长粽，送的不仅仅是美味，更是祝福。因此，长粽不仅是一款最能代表中国古老文化的传统美食，而且是一种代表遂昌人民对美好姻缘和阖家团圆向往之情的外在表达。

（四）语言和象征符号

丰富多彩的粽子口味

遂昌长粽口味多样，优质的糯米搭配新鲜的原材料，包裹在清香的箬叶中，形成了独特的长粽口味。目前，遂昌地区的经典长粽口味有梅干菜肉、咸蛋黄、浓香鲜肉、红枣鲜肉等，浓香四溢，咸甜俱佳，百吃不厌。每年端午，遂昌长粽总以其"粽长味香"等特色，在万"粽"之中获得众人的青睐。

二、核心基因提取与评价

基于对材料的全面、深入分析,得出本文化元素的核心基因:"品质上乘的高山箬叶""以形之长寓情之深的情感内涵""传统的手工制作技艺"。

遂昌长粽核心文化基因评价依据

评价项目	评价因子	评价依据(特点)	是否
生命力评价	文化基因存续的时间	自出现起延续至今,未曾明显中断	√
		自出现起延续至今,但多次衰微、中断后复兴	
		曾明显衰败,改革开放后开始复兴或历史溯源关键环节缺失,难以考证	
		文化形态主体已灭失,现存部分痕迹	
	文化基因的稳定性	在发展过程中保持相当稳定的状态	√
		在发展过程中存在明显的精神内涵、表现形式剧变	
凝聚力评价	文化基因的凝聚力及社会动员效果	曾广泛凝聚起区域群体的力量,显著推动过社会经济文化的发展	
		曾部分凝聚起区域群体力量,对社会经济文化的发展产生过影响	√
		凝聚过力量,创造过实际的发展动能,但未见对社会经济文化发展产生显著改变	
		仅在历史文献或口耳相传中存在,未见实际介入社会经济发展	

续表

评价项目	评价因子	评价依据（特点）	是否
影响力评价	辐射的范围	具有全国性、世界性的影响力	
		具有长三角区域、浙江省影响力	√
		具有市县、乡镇影响力	
	提炼的高度	已经被古代文人士大夫和当代学者提炼为精神符号和理念理论	√
		单纯的样式、造型、工艺技术规范	
发展力评价	与当代精神追求和价值观念的契合	传统文化基因得到创造性转化、创新性发展；区域革命文化基因被完整继承、广泛弘扬；区域社会主义先进文化基因成为与浙江"三个地"相适应的文化高地	√
		部分转化、部分弘扬、部分发展	
		难以转化、难以弘扬、难以发展	

说明：基因特点评价是对解码出来的基因，根据本《导则》表2的要求，围绕"四个力"逐一对表打"√"，进行定性表述

（一）生命力评价

自古以来，遂昌人有制作长粽、吃长粽的习俗，新婚女婿端午前要挑选黄道吉日，用扁担挑长粽送给岳父岳母，代表男方家对女方家的尊重和诚意。除了端午节，长粽还会出现在很多场合，比如小孩周岁酒、家人团聚等。可以说，遂昌长粽是遂昌的传统习俗和遂昌人的情感表达中不可或缺的组成部分。因此，其核心基因"品质上乘的高山箬叶""以形之长寓情之深的情感内涵""传统的手工制作技艺"自出现起延续至今，未曾明显中断，在发展过程中保持相当稳定的状态。

（二）凝聚力评价

遂昌长粽，不仅是遂昌地区古老的传统美食，而且是一种

遂昌人民寄托美好期盼的载体。每年端午时节，女婿陪女儿回到娘家，必须带上长粽。长粽越长，寓意女婿和女儿的感情越长久，因此长粽是地方民俗文化的重要组成部分，具有较强的文化凝聚力和向心力。同时，遂昌县的部分村镇长期经营长粽制作和销售的生意，造就了当地的"长粽产业"。长粽产业已基本形成了集原料采购、产品生产、策划包装、市场销售为一体的全产业链，不仅成功地培育并发展了在全国有一定知名度的"长粽"经济，而且还引来了大批慕名而来、希望一睹长粽制作技艺的游客，带动了县域经济的整体发展。2019年，横坑村通过互联网和线下出售长粽30余万根，实现销售收入200余万元，解决80余名村民的就业问题，长粽成了村里的"明星产业"。

（三）影响力评价

长粽一直是遂昌人的传统美食，家家户户都要裹长粽、吃长粽，寓意长长久久，团团圆圆。近年来，遂昌县委、县政府活化乡村生活，打造乡村品牌，推动乡村振兴，用中国传统文化激活乡村振兴因子。长粽制作走出遂昌、走进了大众的视野，在浙江省内形成了一定的品牌知名度和影响力。长粽成为游客游遂昌的"必点菜"。遂昌文化和旅游业得以兴旺，很大程度上就是"长粽"产业的传统文化和节庆元素赋能。长粽飘香的背后，是中华优秀传统节日文化的创造性转化、创新性发展。中国人就要过中国节，如张书雁所说，中华文明五千年，"食"早已不局限于"果腹"，它更承载了民俗、文化、情感、精神。因此，遂昌长粽的核心基因"品质上乘的高山箬叶""以形之长寓情之深的情感内涵""传统的手工制作技艺"具有长三角区域、浙江省影响力。

（四）发展力评价

近年来，遂昌长粽的从业者持续增加，商标注册陆续增多，遂昌县委、县政府通过深挖长粽文化，做大长粽宣传，将"遂昌长粽"打造成最具中国风、最具国货范的端午节大礼，为促进百姓增收致富打开了新通道。在打响品牌促进农民增收的同时，还通过分食长粽，传递了尊老、孝老、爱老的社会正能量，让传统文化焕发出了新风采。如今，现代都市人对端午节的概念已经变得模糊,知道最多的就是吃粽子,同时,城市的喧嚣生活使都市人更加渴望回归传统文化的自然和健康。粽子不仅仅是食物,而且是表达情感、亲近传统文化生活的载体。

因此,遂昌长粽的核心基因"品质上乘的高山箬叶""以形之长寓情之深的情感内涵""传统的手工制作技艺"与当代精神追求和价值观念相契合,得到了创造性转化、创新性发展。

三、核心基因保存

"品质上乘的高山箬叶""以形之长寓情之深的情感内涵""传统的手工制作技艺"作为遂昌长粽的核心基因,有《古老的遂昌长粽》《千斤长粽寄长情》《长粽飘香,那是幸福的味道》等 7 项文字资料,保存于遂昌县文化基因解码调查组资料库,实物材料长粽制作原料、工具在遂昌地区普遍存在。

长濂村与鞍山书院

汤公遗爱　遂昌文化基因

长濂村与鞍山书院

遂昌县长濂村有浙西南保存最完好的明清古建筑群，拥有"龟蛇相守，水聚气生"的独特格局，状元杨守勤曾在此执教，郑氏家族一脉在此千年相承。

长濂村位于遂昌县城东 10 千米，距遂昌金矿 5 千米，处于县城通往遂昌金矿的必经之路上，交通便利且地理位置独特。长濂村兼具山区与水乡的特色，在其近千年的发展历程中，积累了丰富的文化遗产，蕴含了深刻的历史、文化、艺术、科学和社会价值。

长濂村有 10 多处休闲旅游景点，包括九曲濂溪、郑氏宗祠、郑秉厚故居、鞍山书院、赤山庙、钟鼓楼、公正亭、水山乐园等。

九曲濂溪，群山苍翠。耸立在水口的两座山，一座恰似一条巨蟒横卧水中，称为"蛇山"，而另外一座就像一只神龟翘首凝望，称为"龟山"。龟山、蛇山连在一起像一个大水坝，中间的缺口就是水坝的闸口，因而称为龟蛇坝水口。传说真武大帝矗立中间，金童玉女站两边，左脚踏蛇，右脚踏龟，蛇龟坝水口气势雄伟。堰坝不仅守了长濂村的水口，而且还守了整个遂昌东乡的水口，濂溪流至前下井转向西流，至布线潭又转向南流，蛇龟二头对插在二曲流的中间，堪为奇观。

郑氏宗祠位于长濂村中心，始建于明成化二十年（1484），正德二年（1507）遭火焚，正德九年（1514）重建。后于嘉靖二十一年（1542）被延火所焚，嘉靖三十年（1551）重建。宗祠坐北朝南，面积584.61平方米，门额砖雕"郑氏宗祠"。传说宗祠几次被火焚后，村边龟山下潭中有红龙，变化成先生来为郑氏宗祠题门额，使宗祠免遭火灾。

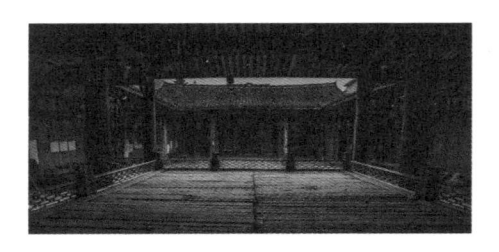

郑秉厚故居，是省级文物保护单位，明万历年间，郑秉厚任吏科给事中时建造。院子坐北朝南。第一道木栅门与正大门之间有一条"之"字形通道，正大门前静立着一对石狮子，活灵活现，造型精巧。门两边有精雕圆形抱鼓式石雷头一对，雷头正面刻"蜂猴鹊鹿"，背面刻"松鹤长春""喜鹊登梅"图案。门内设报房，古时候有客来访时需向报房说明来意，经通报允许后才能进府。再往里是第三道门，两边有石脚力一对，供护卫站坐。推门而入，正屋中有一块匾，匾上"明德堂"三字乃是出自明朝权臣严嵩之手。正屋前后各一进，面积约600平方米。正屋后面有厢房、绣楼、后花

园等，因为年代久远，不复当年面貌，但仍然可以想象当年是如何风光无限。

鞍山书院建于明万历年间，因位于长濂村南部的马鞍山缓坡处，故名。书院为三进三间两塔厢穿斗结构院落式建筑，占地面积近700平方米，为明代风格的江南民居建筑，屋顶曲面中间微凸、檐角挑起、梁作月梁、柱有卷杀，柱基为元代始有之鼓形素面。

书院主要景点包括鞍山书院、月洞家风、状元路、牡丹亭等，建筑面积近30000平方米，下有根雕、奇石、书法、瓷器等方面的民间艺人入驻，与书院科举相得益彰，形成了独具特色的文化艺术品展示、销售和研究中心。同时，配套服务自成体系，拥有各类多功能厅、棋牌室、乒乓球室、可容纳20—100人不等的会议室，拥有舒适的各类客房，可提供床位300个以上，从书院目前的"吃、住、行、游、购、娱"旅游诸要素建设情况看，可同时满足300人以上的游览需求。

鞍山书院具备自然、历史和文化价值，先后荣获省级、市级、县级各类荣誉达20多种，是浙江省级文物保护单位、浙江省廉政文化"六进"示范点、丽水市状元文学研学基地、丽水十大休闲山庄之一、丽水市乡村旅游示范点、遂昌县十大古迹之一等，目前正在申报国家AAAA级景区。

近十年来，长濂村依托浓厚的历史文化底蕴、秀丽的山水自然风光，发掘本地文化特色，发展生态产业，开发文化旅游，促进新农村建设，取得了显著的成绩，被评为遂昌首批小康村、丽水新农村建设示范村、丽水市级文明村、丽水市文化名村、省级文化示范村、省级小康示范村和全国文明村镇创建工作先进村。2019年12月31日，长濂村入选第二批国家森林乡村名单。

一、要素分解

（一）物质要素

1. 优美的自然资源

长濂村地处山间丘陵地带，环境清幽，空气清新，动植物种类繁多，有枫香、皂荚、香樟等珍贵古树。其中濂溪发源于苏庄滩，流经云峰镇，在庄山注入襟溪，长濂村由此得名。濂溪全长约24.5千米，犹如一条碧练，峰回路转，云遮雾绕，气象万千。龟山蛇山把住水口，人们立于山巅，可观日出赏晚霞，湖光山色，相得益彰。

2. 丰富的人文资源

长濂村历史悠久，有1100多年的历史，被誉为"千年古村"。此地人杰地灵，历代出了不少名人：明代进士郑秉厚曾在此读书；"浙东十四子"之一的杨守勤曾在此执教，后以会试、殿试双第一高中状元，授翰林院修撰，掌修国史。鞍山书院先后培养出了进士、御医等100多位。到目前为止，长濂村已完成对鞍山书院、郑氏宗祠、月洞家风、赤山庙、施茶亭等景点的整理、维修和开放。对这些景点不只是单纯的景点建筑维修，还注重对其文化内涵的挖掘，比如对于鞍山书院这个景点，除了修复建筑原貌，还对中国古代科举制度的渊源、利弊，以及其对长濂村的影响等文化内涵进行了挖掘和整理。

3.尊师重教的百姓

明万历二十九年（1601），鄞县（今浙江宁波）举人杨守勤，慕名来到长濂村，在鞍山书院一边执教，一边攻读备考。两年后，杨守勤赴京参加会试，长濂村人热情资助。万历三十二年（1604），杨守勤考取状元，在京为官，仍和长濂村人保持着密切的联系。"国将兴，必贵师而重傅，贵师而重傅，则法度存。"（《荀子·大略》）长濂村百姓重视教育，尊敬教师，所以长濂村的文化教育才能不断进步。

（二）精神要素
文人墨客的不屈风骨

"月洞家风"即王月洞的家风。王月洞指王兹，字介翁，月洞是其号，遂昌湖山人。曾为金溪（今属江西抚州）县尉，宋祥兴年间弃官归隐，结社赋诗以遣日，著有《水洞诗集》二卷。汤显祖在遂昌任职期间，曾为其诗集作序，因敬佩月洞的为人和诗品，还为其题词"林下一人"。"月洞家风"建筑为三进三开间，面积不大，但精致。砖砌正门上有"月洞家风"四个苍劲有力的大字，尽显主人风骨。首进置有一处清池，池中有锦鲤游动，主人希望以此来警醒自己时时照镜洗心。首进和二进梁上的雕刻，精美典雅，烘托出浓浓的书香之气。

（三）制度要素
农村经济和农村旅游相互依托的策略

村委会成立了经济开发公司和旅游公司，利用合股的形式来开发旅游。2003年以来，村委会对长濂旅游的投入已达2000万元。长濂村已完成了基础设施的修建，包括对公路的修建，对供电设施的改造，对用水设施的改造，具有接待游客的基本能力。此外，长濂村还有很多规划中的景区在建设，如水上游乐项目、明清一条街等。

（四）语言和象征符号
文化保藏、精神蕴蓄的重要载体

鞍山书院作为古人读书、讲学、做学问之地，历经千余年发展，已累积了对文化传承、教育、艺术、哲学、社会礼仪等多方面的认知,是文化保藏、精神蕴蓄的重要载体,对推动文化传承、民族文化振兴有着重要作用。文化创造、文化积累和价值传播是鞍山书院文化的基本内涵,其精髓是中国儒家文化中所倡导的正心明德思想。正心在于求真问学,不以一己之是非为是非;明德在于发扬自身光明之德,践履匡济天下之任。这种教育理念和文化传播方式,对当下教育如何培养人才和教化人心有启示价值。

二、核心基因提取与评价

基于对材料的全面、深入分析,得出本文化元素的核心基因:"丰富的人文资源""农村经济和农村旅游相互依托的策略""文化保藏、精神蕴蓄的重要载体"。

长濂村与鞍山书院核心文化基因评价依据

评价项目	评价因子	评价依据(特点)	是否
生命力评价	文化基因存续的时间	自出现起延续至今,未曾明显中断	√
		自出现起延续至今,但多次衰微、中断后复兴	
		曾明显衰败,改革开放后开始复兴或历史溯源关键环节缺失,难以考证	
		文化形态主体已灭失,现存部分痕迹	
	文化基因的稳定性	在发展过程中保持相当稳定的状态	√
		在发展过程中存在明显的精神内涵、表现形式剧变	
凝聚力评价	文化基因的凝聚力及社会动员效果	曾广泛凝聚起区域群体的力量,显著推动过社会经济文化的发展	
		曾部分凝聚起区域群体力量,对社会经济文化的发展产生过影响	√
		凝聚过力量,创造过实际的发展动能,但未见对社会经济文化发展产生显著改变	
		仅在历史文献或口耳相传中存在,未见实际介入社会经济发展	

续表

评价项目	评价因子	评价依据（特点）	是否
影响力评价	辐射的范围	具有全国性、世界性的影响力	
		具有长三角区域、浙江省影响力	√
		具有市县、乡镇影响力	
	提炼的高度	已经被古代文人士大夫和当代学者提炼为精神符号和理念理论	
		单纯的样式、造型、工艺技术规范	
发展力评价	与当代精神追求和价值观念的契合	传统文化基因得到创造性转化、创新性发展；区域革命文化基因被完整继承、广泛弘扬；区域社会主义先进文化基因成为与浙江"三个地"相适应的文化高地	√
		部分转化、部分弘扬、部分发展	
		难以转化、难以弘扬、难以发展	

说明：基因特点评价是对解码出来的基因，根据本《导则》表2的要求，围绕"四个力"逐一对表打"√"，进行定性表述

（一）生命力评价

长濂村的旅游发展以保存完好的古建筑、浓厚的历史文化底蕴和优美的自然风光为依托，类似古村落旅游发展模式，但又有所不同，它借助了农村工业化带来的经济发展成果，在具备了一定的经济基础之后，再来保护和开发古村落、古建筑等历史遗迹，发展农村旅游。反过来，旅游资源的开发又能带动农村经济的再次发展。从而使农村经济和农村旅游相互依托，走出一条农村旅游可持续发展的新路。

（二）凝聚力评价

长濂村村委会成立了经济开发公司和旅游公司，利用合股的形式来开发旅游。每个村民都有资源股，还有很多村民自己

出资入了股。参加建设的村民能领到工资，以后还有分红。村里旅游发展关系到每个村民的利益，村民们都非常支持村里的旅游发展。

（三）影响力评价

长濂村的鞍山书院培养出一位宰相，三十多位文状元，三十多位武状元。长濂村的明朝建筑保存完好，青瓦白墙，雕梁画栋，古色古香，山泉水一年四季流水不断。鞍山书院的发展促进了人才的培养，推动了长濂村文化走向繁荣，而文化的繁荣发展又促进了书院教育的兴盛。这也对长濂村的社会发展起到了巨大的促进作用，从而为遂昌县的发展做出了巨大贡献。

（四）发展力评价

在注重发展旅游的大环境下，遂昌县积极地进行旅游开发，以求刺激消费，带动经济发展。长濂村的旅游资源具备典型的浙南农村特色，自然山水风光秀美，且文化内涵也很丰富，长濂村改变了传统的农村发展观念，以乡村现有的资源开展旅游接待，让广大长濂百姓摆脱贫困，并解决了农村剩余劳动力就业问题，这对长濂村扶贫工作的实施也具有重大意义。因此，开发长濂村旅游资源，大力发展长濂村旅游业，潜力巨大，意义深远。

三、核心基因保存

"丰富的人文资源""农村经济和农村旅游相互依托的策略""文化保藏、精神蕴蓄的重要载体"作为长濂村与鞍山书院的核心基因,有《百年书院在鞍山》《浙南山区乡村旅游发展模式的探讨》《杨守勤与遂昌鞍山书院》等文字资料7份,保存于遂昌县文化基因解码调查组资料库。另外,出版物有《郑氏族谱》《公平亭记》。实物材料长濂村与鞍山书院位于丽水市遂昌县云峰镇(今云峰街道)境内。

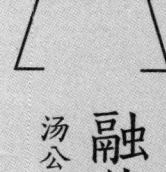

融德工坊

汤公遗爱　遂昌文化基因

融德工坊

在我国，钱币铸造和使用已有数千年历史，而民俗钱币是其中最为特殊的一种。民俗钱币，也称花钱、厌胜钱，多用于祈求福寿、避灾免祸，是一种不具备法定流通功能的钱币。这种钱币最早出现在秦末，始于古人对神灵图腾的崇拜，后逐步演变为祈求平安顺遂、幸福安康的载体。至宋时，道教的盛行使得以弘扬道教、庇护生肖为主题的民俗钱币空前发展。明清两代，民俗钱币的铸造和流传达到鼎盛。

民俗钱币的流行范围极广，以中原为核心，北达蒙古，南到闽粤，东起齐鲁，西至新疆，且各地风格自成一派。清代，各省设钱局开炉铸钱，留存的有关正用品钱币铸造的文献和实物资料非常详细，为清代民俗钱币的炉别研究提供了佐证。此外，通过对民俗钱币的铜质、铸造工艺、图文风格、内容题材等方面的研究，可以发现每个地域铸钱局的风格特点，由此定义出清代民俗钱币的炉别，如京炉、冀炉、苏炉、浙炉、赣炉、湘炉、闽炉、粤炉、桂炉、云炉、贵炉、川炉、陇炉等。在浙江，铸造民俗钱币的主要地区有杭州、衢州、嘉兴、丽水、温州等。

民俗钱币一般采用我国钱币的主要制造工艺——母钱翻砂法进行铸造。一款钱币的制作须经历雕母、样钱（母钱）、子钱三个阶段。样钱（母钱）由雕母翻铸而成，因翻砂工艺的特点，体积会比雕母小上一圈。子钱则同样由母钱翻铸而成，体积自然会更小一些。雕母的材质往往与母钱、子钱不同，雕母字口深峻、立体感较强。在收藏界，雕母多为孤品，可遇不可求，

价格也在几十万到上百万元不等。母钱虽然是由雕母翻铸而成，但依然保持了犀利的字口和极强的立体感。同时母钱材质多样，从银到青铜、红铜、紫铜、白铜、黄铜都有，数量不多，因此也具备了极强的收藏性。子钱适合把玩，母钱适合收藏，而雕母则是收藏大家的私人珍藏。

改革开放以后，我国经济迅速发展，人民生活水平不断提高，兴商升学、婚嫁迎娶活动对民俗钱币需求日渐增长。在此背景下，清朝同治年间温州府钱监吏尤昌境的第六代传人郑升国创建融德工坊，致力于恢复民俗钱币铸造技艺。工坊延续了民俗钱币文化，首创性地提出了"中国当代民俗钱币"概念，铸造了一大批复古民俗钱币及创新民俗钱币，前者重现了古钱币一开始饱满的新生状态，后者则创新性地融入新的文化题材，让中国文化在中国钱币上重生，做真正意义上的当代民俗钱币。

一、要素分解

（一）物质要素

多样的制作工具和原材料

母钱翻砂工艺的工具包括木模、细碳灰脱模剂、细砂、雕母、砂箱、铜液等，雕母则用材质较软的锡块等材料制成。

（二）精神要素

兼收并蓄、推陈出新的创作理念

融德工坊一贯注重兼收并蓄、推陈出新的创作理念，近年

来，工坊多次邀请上海著名国画家杨秋宝老师合作，创作了若干款当代民俗钱币。杨秋宝老师首次以钱币为载体进行文艺创作，在小小的方圆之间尽显国画风采，与融德工坊弘扬民俗钱币文化、大胆注入当代文化的初衷相适应。这一创作理念跳脱出一味复刻的定式，使融德工坊和多位国画大师进行深度的共同创作的同时，做出真正的当代民俗钱币。

（三）制度要素

1. 精雕细琢的雕母刻制工艺

制作雕母是母钱翻砂技术的第一步。制作者用锡块或其他材质，由人工按预先设计好的钱币形制和书写好的钱文雕凿出钱样，是为雕母，亦称祖钱。迄今为止发现最早的铜质雕母是明代的嘉靖通宝，现珍藏于南京博物院。

2. 工艺繁复的翻铸工艺

制作范型，用四根木条（木条长一尺二寸，宽一寸二分）做空框，需做出若干空框。用土砖末和炭灰等，制成面细砂料。先用砂料填实第一框。在砂型模面上涂上特制的分型涂料（木炭灰、松香油等），增强模面的附着力和渗透力，以便雕母与范型分离。然后将百余雕母钱，按钱面和钱背合理布局，摆放在第一框模面上。将第二框整齐叠放在第一框上，填砂夯实，与第一框合盖，随手翻转，雕母落在第二框模面上，取走制好的第一框。再将第三框整齐叠放在第二框上，填砂夯实，与第二框合盖，随手翻转，雕母落在第三框的模面上，取走第二框。如此翻转十余框。随后取出雕母，在面范和背范上开出浇口、直浇道和分浇道。最后，依次将制作好的面范和背范合箱，用绳捆定。铸工从烘炉中取出熔铜罐，逐箱浇铸熔好的铜水。冷却后，开箱取出铸好的母钱，进行打磨整理。

按上述同样的工艺流程，以母钱为钱模铸造子钱。

（四）语言和象征符号

1. 古朴幽默的"融德炉"形象

"融德炉"是融德钱币收藏者对融德工坊制作炉的幽默爱称,在融德工坊不断与国画大师、艺术大师进行真正融合之后,"融德炉"必将流传于世,成为中国钱币文化真正的传承者。

2. 寓意祥瑞的钱币文字和纹样

融德工坊的民俗钱币文字和纹样极为丰富,有复刻原版古钱币的"太平天国圣宝""泰和通宝""康熙二十局长撇熙",寓意福寿安康的"金玉满堂长命富贵""扭转乾坤",以及体现我国传统文化和民俗文化的"十无益""渔樵耕读""龟鹤寿星背十二生肖""福建炉式宝福""八卦鱼""为善最乐""孔孟遗风""天道酬勤""福寿康宁"等。这些图形、语句典雅通俗,内容既含蓄又明确,章法布局,各显其中,寓意深刻,成为民众日常生活中的心灵祈盼和寄托之物。

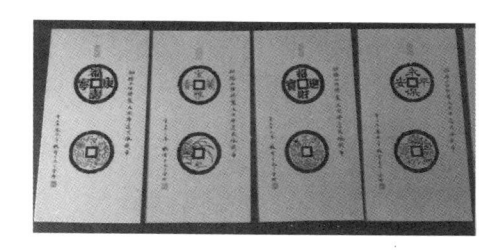

二、核心基因提取与评价

基于对材料的全面、深入分析,得出本文化元素的核心基因:"精雕细琢的雕母刻制工艺""工艺繁复的翻铸工艺""寓意祥瑞的钱币文字和纹样"。

融德工坊核心文化基因评价依据

评价项目	评价因子	评价依据(特点)	是否
生命力评价	文化基因存续的时间	自出现起延续至今,未曾明显中断	
		自出现起延续至今,但多次衰微、中断后复兴	√
		曾明显衰败,改革开放后开始复兴或历史溯源关键环节缺失,难以考证	
		文化形态主体已灭失,现存部分痕迹	
	文化基因的稳定性	在发展过程中保持相当稳定的状态	√
		在发展过程中存在明显的精神内涵、表现形式剧变	
凝聚力评价	文化基因的凝聚力及社会动员效果	曾广泛凝聚起区域群体的力量,显著推动过社会经济文化的发展	
		曾部分凝聚起区域群体力量,对社会经济文化的发展产生过影响	√
		凝聚过力量,创造过实际的发展动能,但未见对社会经济文化发展产生显著改变	
		仅在历史文献或口耳相传中存在,未见实际介入社会经济发展	

续表

评价项目	评价因子	评价依据（特点）	是否
影响力评价	辐射的范围	具有全国性、世界性的影响力	√
		具有长三角区域、浙江省影响力	
		具有市县、乡镇影响力	
	提炼的高度	已经被古代文人士大夫和当代学者提炼为精神符号和理念理论	
		单纯的样式、造型、工艺技术规范	√
发展力评价	与当代精神追求和价值观念的契合	传统文化基因得到创造性转化、创新性发展；区域革命文化基因被完整继承、广泛弘扬；区域社会主义先进文化基因成为与浙江"三个地"相适应的文化高地	
		部分转化、部分弘扬、部分发展	√
		难以转化、难以弘扬、难以发展	

说明：基因特点评价是对解码出来的基因，根据本《导则》表2的要求，围绕"四个力"逐一对表打"√"，进行定性表述

（一）生命力评价

民俗钱币最早出现在秦末，至明清两代时期其铸造和流传达到鼎盛，新中国成立以后虽曾停止铸造，然而，随着改革开放我国经济迅速发展，民间对民俗钱币需求日渐增长，清朝同治年间温州府钱监吏尤昌境的第六代传人郑升国创建融德工坊，将古老的民俗钱币文化传承至今，并首创性地提出了"中国当代民俗钱币"概念，铸造了一大批复古民俗钱币及创新民俗钱币，重现了古钱币一开始最饱满的新生状态，又创新性地融入了新的文化题材，让中国文化在中国钱币上重生。

（二）凝聚力评价

民俗钱币自秦末出现以来，成为民众祈求平安顺遂、幸福

安康的载体，它流行范围极广，在现代收藏界颇受欢迎。进入当代，兴商升学、婚嫁迎娶活动对民俗钱币需求日渐增长，使它成为当代民俗文化的重要组成部分。作为古代钱币文化的一类代表，民俗钱币阐述的美学思想除了技法和形式，还有艺术语言的表达，形式之外是匠心，形式之内是气韵，共同折射出文化的质感和深度。

（三）影响力评价

民俗钱币始于对神灵图腾的崇拜，至宋时，以弘扬道教、庇护生肖为主题的民俗钱币空前发展。明清两代，民俗钱币的铸造和流传达到鼎盛。民俗钱币的流行范围极广，同时各地风格自成一派。此外，通过对民俗钱币的铜质、铸造工艺、图文风格、内容题材等方面的研究，可以发现每个地域铸钱局的风格特点，由此定义出清代民俗钱币的炉别。可见，民俗钱币在全国各地均有铸造、使用。

（四）发展力评价

在融德工坊，当代民俗钱币在保持古老民俗钱币传统制作技艺的基础上，对文化的内涵、布局、格式、特质进行组合和创新，在坚守中华文化立场、传承中华文化基因的基础上古为今用，在努力实现传统文化创造性转化、创新性发展的同时使之与现实文化相融相通，让人们能够感受到文化多样性仍在丰富，人类创造力的源泉仍在奔涌，在实践中传承并不断进步。因此，作为融德工坊的核心基因，"精雕细琢的雕母刻制工艺""工艺繁复的翻铸工艺""寓意祥瑞的钱币文字和纹样"与当代精神追求和价值观念的契合，得到了部分转化、部分弘扬、部分发展。

三、核心基因保存

"精雕细琢的雕母刻制工艺""工艺繁复的翻铸工艺""寓意祥瑞的钱币文字和纹样"作为融德工坊的核心基因,有《融德工坊》等 7 项文字资料保存于遂昌县文化基因解码调查组资料库。另外,文献有《天工开物》。实物材料母钱翻砂工艺作品钱币、工具保存于丽水市遂昌县长濂文化村融德钱币博物馆。

蔡和脸谱

汤公遗爱　遂昌文化基因

蔡和脸谱

脸谱，是中国传统戏曲演员面部化妆的一种程式，用各种色彩在脸上勾画出种种纹样图案，以突出人物性格特征，表现对人物的褒贬。它是用于舞台演出时的化妆造型艺术，是历史文化悠久、底蕴深厚的中国传统艺术。而位于遂昌县蔡源乡蔡和村的蔡和戏剧班，有一套自成体系的"蔡和脸谱"，历史悠久，文化底蕴深厚。

蔡和村位于浙江省遂昌县蔡源乡西部，地处国家级自然保护区九龙山东北。东倚蔡源乡大柯村，南靠郭家岭，西至大风岭，北与甚坑村大枫坑毗连。蔡溪自南转东流经村境，村以蔡山得名。蔡和村历史悠久、文化底蕴深厚，距今四百余年的蔡和文化，包括蔡源花灯、茶灯，精美的蔡和脸谱，以及栩栩如生的蔡和米塑。

蔡和脸谱是蔡和班舞台演出中使用的化妆造型艺术。蔡和班建立于明代嘉靖二十四年（1545），是遂昌最早的婺剧戏班。创始人金小六，起初主营提线木偶戏，后改演人戏。"蔡"是指"蔡源"，"和"示意和睦相处，意谓来蔡源从艺的人，归班后，应当和睦相处，亲如兄弟，专心功艺，以孚众望。蔡和班在当时名声响誉四方，演出剧目有108本大戏。

伴随着蔡和班的诞生，蔡和脸谱也随之出现。蔡和脸谱与其他戏曲脸谱不一样，具有民间古朴生动、神态各异、栩栩如生的特征，对人物角色的表演具有辅助作用。在漫长的岁月里，蔡和脸谱随着蔡和班戏曲艺术的发展，不断汲取其他剧种和戏曲名班脸谱艺术的长处，逐渐形成相对固定的谱式方法。按照戏曲人物角色行当分类，有"生、旦、净、丑"和"生、旦、净、末、丑"两种分行方法。脸谱色彩有红、紫、黑、白、蓝、黄、绿、粉红、褐、金、银等，各俱妙用。经过不断发展，蔡和脸谱已经形成较完整的脸谱体系，其着色苍老，图案丰富，有明显的地方象征意义和民间艺术气息。

蔡和脸谱的发展几度历经风雨。1886年，蔡和班由于管理不妥，逐渐衰败。1904年，蔡和班重新组织演员，恢复演艺活动。1919年，蔡和班达到鼎盛状态，原班底分为"新蔡和"和"老蔡和"两个班，总共拥有行头24箱，领头120多条。20世纪40年代后，社会动荡不安，蔡和班再次萧条。党的十一届三中全会后，蔡和班又组建了演出队伍，热闹了几年，但在市场经济的冲击下，演员外出搞经济，造成演员青黄不接的问题，随后停演了近20年。

2006年11月，借省东海明珠业务试点的机会，在省、市、县文化部门关心下，在当地领导重视和支持下，在老艺人张承书等人的努力下，组织新、老演员培训2个月，沉寂已久的蔡和班再次登台亮相。

在蔡源乡蔡和村，有一位77岁的老人——郑存品，为传承蔡和脸谱做

出了巨大的贡献。

存品老人的父亲，就曾是蔡和班的老艺人。"小时候父亲一有演出，我就去看，很喜欢。"郑存品说。在父亲演出时，他也常去后台，看艺人们画脸谱。凭着曾经跟着师傅走戏班时的记忆，不需要参照，他提笔就能画出近80张人物脸谱。

2009年，蔡源乡举办大柯摄影文化节，邀请民间艺人张承书帮忙画脸谱，郑存品来协助他。其间，张承书老人看到郑存品的画，并了解到郑存品一直喜欢画蔡和脸谱，便对他说："画得不错，以后你就跟我学画脸谱吧。"这之后，郑存品便师从张承书，开始专心画蔡和脸谱。勾轮廓、描花纹、着色彩，过不多时，一张色彩艳丽、造型生动的蔡和脸谱便从郑存品老人的笔下诞生了。

为了进一步弘扬和传承蔡和文化精髓，蔡源乡党委政府积极组织人员搜集、抢救蔡和戏剧脸谱，制作蔡和脸谱画册。在时年72岁的郑存品和师傅张承书的共同努力下，整理出了蔡和脸谱82帧，涉及剧目42个，还有脸谱配对剧目及说明。2012年，蔡和脸谱被评为丽水市非物质文化遗产。

在蔡和村，最具特色的莫过于蔡和文化节。这著名的八月会，也几乎是蔡源乡一带最盛大的节日。每逢此时，蔡和与周边的大柯等村彻底成为艺术的海洋，也使得蔡和脸谱有了落地展示的平台。

蔡源八月会，又称迎佛会。始于明代，由蔡源上、中、下三坦（坦为片村）轮流值年，值年头首要按例择定"迎佛"吉日，统计全村人丁，确定甲旗数，再分派祭品到户。届时抬蔡相大帝、五显灵官、定光佛、如来佛神像出巡游行，遂成庙会。在这里，可以欣赏到历史悠久的蔡源花灯。这是集灯彩、歌舞、小戏于一体的表演艺术，每逢重大庆典活动均有表演。

蔡源八月会历史悠久，意义深远，相传主要是为了感谢蔡王老佛为国为民立功立业。为国立功是在公元979年，辽邦入侵，气势凶猛，眼看江山保不住了，蔡王老佛二十四兄弟出城抵挡，拼命反击，终于击败了辽邦之军。赵匡胤封蔡王老佛叫蔡相老佛，配备銮架。为民立功是明弘治年间，有一年整整40多天未下过一点雨，天气非常炎热，旱情十分严重，干旱引起瘟疫病蔓延厉害。有的老人提出抬出蔡王老佛求雨，本来万里无云的天空，即时三刻乌云密布、雷电风雨交加，降雨之后气温逐渐下降，旱情得到缓解，气候好转，瘟疫减少，粮食获得了丰收，百姓身体一天天恢复健康。百姓们为纪念蔡王老佛护国、佑民，于是举办了八月会。

蔡源八月会的重要意义和价值融汇在"和""孝""义"3个字上："和"字体现在蔡王老佛二十四兄弟是来自各地的异姓结拜兄弟，他们互相帮助、相处和睦；"孝"字是他们认讨饭婆为干娘，很孝顺，并为其养老送终；"义"指的是他们为民解忧，为百姓造福。

现在，蔡源乡党委政府以及村两委一直很重视"和""孝""义"的精神宣传，将其贯穿于蔡和文化建设之中。蔡和文化体系包括蔡和脸谱、蔡源花灯、蔡和米塑、蔡和班、蔡源八月会、蔡和村、蔡和桥、蔡和公园、蔡和文化长廊。在这样的氛围下，蔡源八月会和蔡和脸谱得到了更好的传承与发展。

一、要素分解

（一）精神要素

1. 崇礼重教的蔡和班艺德

蔡和脸谱脱胎于蔡和戏剧班，而蔡和班的名字由来大有讲究。"蔡"是指"蔡源"，"和"示意和睦相处，意谓来蔡源从艺的人，归班后，应当和睦相处，亲如兄弟，专心攻艺，以孚众望。

2. 和、孝、义的蔡和文化价值内涵

蔡和脸谱是蔡和文化体系的重要组成部分，其体现着蔡和文化的重要价值内涵——和、孝、义。"和"字体现在蔡王老佛二十四兄弟是来自各地异姓结拜兄弟，他们互相帮助，相处和睦；"孝"字体现在蔡王老佛二十四兄弟认讨饭婆为娘，很孝顺，并为她养老送终；"义"字指的是他们为民解忧，为百姓造福。

（二）制度要素

精致的脸谱绘制流程

首先是打图，按戏剧人物性格进行打图。一鼻二眼三嘴，用白颜色上底色，然后上油彩。如上包公脸就以黑、白为主，头上月亮用红色框，各种形态的月亮表示包公审案时间的不

同。如眉头月代表月初，半月代表初七、初八，全月代表月中。最后是填补细小方面。突出眼神、眉、鼻侧影和嘴等细部。因为形象感不那么显明，色彩也有些灰暗，所以就要用眉笔或者蘸少量油彩色的化妆笔再将局部进行调整、加强。

（三）语言和象征符号

具有浓厚地方民间艺术气息的完整脸谱图案体系

蔡和脸谱的特征、特性与其他戏曲脸谱不一样，具有民间古朴生动、神态各异、栩栩如生的特征，对人物角色的表演具有辅助作用。按照戏曲人物角色行当分类，有"生、旦、净、丑"和"生、旦、净、末、丑"两种分行方法。脸谱色彩，有红、紫、黑、白、蓝、黄、绿、粉红、褐、金、银等色，各具妙用。经过不断发展，蔡和脸谱已经形成较完整的脸谱体系，其着色苍老，图案丰富，有明显的地方象征意义和民间艺术气息。脸谱有白脸、黑脸、红脸、绿脸。具有代表性的如：包公黑脸，曹操白脸，关公红脸，张飞黑脸，苏宝国（番边人）绿脸，百鸟王脸上画鸟，蛇精脸上画蛇。

二、核心基因提取与评价

基于对材料的全面、深入分析,得出本文化元素的核心基因:"和、孝、义的蔡和文化价值内涵""精致的脸谱绘制流程""具有浓厚地方民间艺术气息的完整脸谱图案体系"。

蔡和脸谱核心文化基因评价依据

评价项目	评价因子	评价依据(特点)	是否
生命力评价	文化基因存续的时间	自出现起延续至今,未曾明显中断	
		自出现起延续至今,但多次衰微、中断后复兴	√
		曾明显衰败,改革开放后开始复兴或历史溯源关键环节缺失,难以考证	
		文化形态主体已灭失,现存部分痕迹	
	文化基因的稳定性	在发展过程中保持相当稳定的状态	√
		在发展过程中存在明显的精神内涵、表现形式剧变	
凝聚力评价	文化基因的凝聚力及社会动员效果	曾广泛凝聚起区域群体的力量,显著推动过社会经济文化的发展	
		曾部分凝聚起区域群体力量,对社会经济文化的发展产生过影响	
		凝聚过力量,创造过实际的发展动能,但未见对社会经济文化发展产生显著改变	√
		仅在历史文献或口耳相传中存在,未见实际介入社会经济发展	

续表

评价项目	评价因子	评价依据（特点）	是否
影响力评价	辐射的范围	具有全国性、世界性的影响力	
		具有长三角区域、浙江省影响力	
		具有市县、乡镇影响力	√
	提炼的高度	已经被古代文人士大夫和当代学者提炼为精神符号和理念理论	
		单纯的样式、造型、工艺技术规范	√
发展力评价	与当代精神追求和价值观念的契合	传统文化基因得到创造性转化、创新性发展；区域革命文化基因被完整继承、广泛弘扬；区域社会主义先进文化基因成为与浙江"三个地"相适应的文化高地	
		部分转化、部分弘扬、部分发展	
		难以转化、难以弘扬、难以发展	√
说明：基因特点评价是对解码出来的基因，根据本《导则》表2的要求，围绕"四个力"逐一对表打"√"，进行定性表述			

（一）生命力评价

"和、孝、义的蔡和文化价值内涵""精致的脸谱绘制流程""具有浓厚地方民间艺术气息的完整脸谱图案体系"作为蔡和脸谱的核心文化基因，有其独特的地方民间艺术气息与特色。蔡和脸谱随着蔡和班的发展，几经兴衰，最后在民间传统老艺人的不懈努力下维持并展现着独特的生命力。

（二）凝聚力评价

"和、孝、义的蔡和文化价值内涵""精致的脸谱绘制流程""具有浓厚地方民间艺术气息的完整脸谱图案体系"作为蔡和脸谱的核心文化基因，在遂昌民间有一定的凝聚力，但未见对社会经济文化发展作出显著改变。

（三）影响力评价

"和、孝、义的蔡和文化价值内涵""精致的脸谱绘制流程""具有浓厚地方民间艺术气息的完整脸谱图案体系"作为蔡和脸谱的核心文化基因，跟随蔡和脸谱通过蔡和班戏剧演出与蔡和文化节等平台推出，作为蔡和文化体系的重要组成部分，在民间有一定的影响力。

（四）发展力评价

"和、孝、义的蔡和文化价值内涵""精致的脸谱绘制流程""具有浓厚地方民间艺术气息的完整脸谱图案体系"作为蔡和脸谱的核心文化基因，随着蔡和班的发展，几经兴衰，已经走过了400多年的风风雨雨。现在在老艺人郑存品的努力下，蔡和脸谱得以传承。但是蔡和脸谱在未来的传承与发展，仍然需要政府与民间不断探索与支持。

三、核心基因保存

"和、孝、义的蔡和文化价值内涵""精致的脸谱绘制流程""具有浓厚地方民间艺术气息的完整脸谱图案体系"作为蔡和脸谱的核心基因,有《桃花源里的八月会》《蔡和脸谱简介》《蔡源八月会介绍》等3项文字资料,保存在遂昌文化基因解码调查组资料库,有20张图片资料保存在遂昌文化基因解码调查组资料库。

茶园武术

汤公遗爱　遂昌文化基因

茶园武术

清乾隆初年，罗姓先民罗逢承举家携子从闽西连城县搬迁到遂昌县茶园村居住。在这里，他们常受到当地财主的欺压，加之当时浙闽交界山区强盗横行，罗逢承遂请来武师，教习武功，以护卫家族的安宁。270多年以来，茶园村民农忙务农，农闲练武，个个身怀绝技，武功了得。

　　由于没有文字记载，茶园武术出于何门何派一直未有定论。2008年5月，浙江省武术协会承解放老师到茶园村实地考察，并将村民演练的拳棍武术制成碟片，经省武术专家们观看后，认定为"小南拳"。福建警察学院林荫生教授根据茶园村的迁徒来源地，认定茶园武术与福建连城武术具有历史渊源，并更具原始风貌。

茶园武术至今留传的主要套路有七套，即拳术：单鞭救主、开四门、父子同拳；棍术：红鸡展翅、五虎下山、搓棍对打；枪术：七步连枪。七套功夫以刚劲威猛为主，其中练步是基础，简单易学，但难以达到精湛的程度。在招式上，茶园武术动作多变，步稳势烈，发力短猛，防守严谨。

随着时光的流逝，茶园村民已把练武的目的从防御土匪强盗入侵、抵御财主欺压转为强身健体。受现代文明的冲击，村里的年轻人逐步走出深山，村里也只有老人们还在固守着祖辈留下的一招一式。但他们心底都有一个愿望——自己的武功还能传承下去。

2007年8月，在非物质文化遗产普查中，龙洋乡发现了茶园村濒临失传的武术。为了拯救这一民间传统技艺，在当地政府和文化部门的帮助下，茶园村组建了武术队，传习基地和传承学校也在建设之中。从此，曾经此起彼伏的练武声又在大山深处响起。

2008年，茶园武术被列入遂昌县和丽水市非物质文化遗产名录，2009年6月，茶园武术被列入浙江省第三批非物质文化遗产名录。2009年，罗观德成为浙江省级非物质文化遗产代表性项目传承人。

从2010年起，茶园村每年都举办茶园武术大会暨茶园礼树节，邀请本县及周边市县武术队参演。省、市、县报刊、电视、网络等媒体予以报道，包括《大山深处的武林高手部落》《遂昌深山有个武术村》《清代传统武术在龙洋乡苏醒》《龙洋农民与老外同乐》《山村武林会》《武林风》等报道文章和栏目。遂昌县政府历任领导和相关部门对茶园村和茶园武术的发展都给予关注与大力支持。

2011年，遂昌县龙洋小学被列为茶园武术传习基地学校，2014年，遂昌育才中学成立茶园武术传习社团，2018年，遂昌县金岸小学成为茶园武术传承基地学校。弘扬民族文化，传承武术精神，如今，茶园武术从大山走进县城，走进学校，走进民众生活，为发展全民健身发挥新时代的作用。

一、要素分解

（一）物质要素

环境优美、武术底蕴深厚的茶园村

遂昌县龙洋乡茶园村是茶园武术的发源地，距离县城 74 千米。2020 年，茶园村申报组建了遂昌茶园武术非遗文化研学基地，基地以"非遗文化、武术体验、特色乡村"为主题，以"天人合一、文化养生"为理念，集学习体验、陶冶情操于一体，将身心融于大自然中，享受一种世外桃源式的生活。基地内设有演武场、中华武术发展回廊、茶园武术非遗文化馆、练功场（棚）、苦槠林群、红军养伤洞、险要山寨隘口、高档茶楼、多功能演艺厅等。基地具有传承历史文化和生态保护示范性作用，集练武、养生、养性于一体，是练武者的终身学校和精神家园。

（二）制度要素

1. 刚猛有力的"单鞭救主"拳术

"单鞭救主"拳术取自"尉迟恭单鞭救秦王"的典故。隋末名将尉迟恭为人忠诚耿直，有一身好功夫，他凭借手中单鞭，屡次营救秦王李世民，为建立大唐王朝立下汗马功劳，被后世尊称为"黑门神尉迟恭"。该套路化鞭为手，手为鞭用，凶狠泼辣，左冲右突，前撞后击，威风八面，包含了"抱拳礼""左右摆手""左转身撩拳砍手""左套手连击""拐脚侧踹""深蹲砍脚""起身套手连击""后转擦拳砍手""右套手连击"等二十余个动作。

2. 灵活多变的"红鸡展翅"棍术

"红鸡展翅"棍术是茶园武术中棍术的基本套路之一，来源于动物模仿，模仿公鸡相斗时站立、闪躲、蹦跳、嘴啄的动作，以及灵活矫健、勇敢搏斗的姿态，包含"持棍礼""搅棍""上步戳棍""回身劈棍""收步拦搁""上步劈棍""侧步棍""上步挑棍"等二十余个动作。

3. 精练沉稳的"开四门"拳术

"开四门"拳术为茶园武术基本套路之一，向东南西北四个方向开打，四门的动作基本相同，有"打得一门开，其他三门也就开"之说，是入门的第一套路。本套路动作短小精练，以声催力，沉稳架低。动作基本特点是猫腰、藏头、缩项，包括"开山门""左拳手连击""转身套手连击""撤右步擦掌砍手""上步肘击""侧端砍脚"等近40个动作。

4. 技艺高超的"七步连枪"棍术

茶园武术套路之一的七步连枪，以棍为枪，上枪头以为枪用，去枪头以为棍使。据传该套枪术为唐朝开国名将罗成所创，也就是罗成看家绝招"回马枪"的招式来源，需要极高的技巧和超乎常人的胆魄，属于险中求胜的一招，包括了"横枪预备""上步刺枪""退步压枪""撤

步拦枪""撤步轮劈""虚步立枪"等24个动作。

5. **攻守兼备的"父子同拳"拳术**

"父子同拳"专为在狭窄的弄堂里防身而创，虽然套路动作只有向前、向后、转身几个动作，但整个套路施展起来后步步紧逼，招招凶狠，攻守兼备，包括"抱拳礼""左开步左敲拳""后转护胸砍脚""起身套手连击""上左步套手连击"等29个动作。

6. **威风八面的"五虎下山"棍术**

"五虎下山"形容猛虎下山时的威风，有诗云："天涯此路尽雨风，广恩天下念众生。麒麟蒙光祥瑞聚，猛虎下山野狼惊。"本套路动作简单、变化不多，比较突出地体现了刚、猛、迅、利的特点。该棍术具有南派虎拳的风格，包括"上步挑棍""后转劈棍""上步双挑棍""倒棍拦搁""侧步劈棍""双挑棍"等15个动作。

二、核心基因提取与评价

基于对材料的全面、深入分析，得出本文化元素的核心基因："环境优美、武术底蕴深厚的茶园村""刚猛有力的拳术""攻守兼备的棍术"。

茶园武术核心文化基因评价依据

评价项目	评价因子	评价依据（特点）	是否
生命力评价	文化基因存续的时间	自出现起延续至今，未曾明显中断	√
		自出现起延续至今，但多次衰微、中断后复兴	
		曾明显衰败，改革开放后开始复兴或历史溯源关键环节缺失，难以考证	
		文化形态主体已灭失，现存部分痕迹	
	文化基因的稳定性	在发展过程中保持相当稳定的状态	√
		在发展过程中存在明显的精神内涵、表现形式剧变	
凝聚力评价	文化基因的凝聚力及社会动员效果	曾广泛凝聚起区域群体的力量，显著推动过社会经济文化的发展	
		曾部分凝聚起区域群体力量，对社会经济文化的发展产生过影响	√
		凝聚过力量，创造过实际的发展动能，但未见对社会经济文化发展产生显著改变	
		仅在历史文献或口耳相传中存在，未见实际介入社会经济发展	

续表

评价项目	评价因子	评价依据（特点）	是否
影响力评价	辐射的范围	具有全国性、世界性的影响力	
		具有长三角区域、浙江省影响力	
		具有市县、乡镇影响力	√
	提炼的高度	已经被古代文人士大夫和当代学者提炼为精神符号和理念理论	
		单纯的样式、造型、工艺技术规范	√
发展力评价	与当代精神追求和价值观念的契合	传统文化基因得到创造性转化、创新性发展；区域革命文化基因被完整继承、广泛弘扬；区域社会主义先进文化基因成为与浙江"三个地"相适应的文化高地	√
		部分转化、部分弘扬、部分发展	
		难以转化、难以弘扬、难以发展	
说明：基因特点评价是对解码出来的基因，根据本《导则》表2的要求，围绕"四个力"逐一对表打"√"，进行定性表述			

（一）生命力评价

清乾隆初年，罗姓先民请来武师，教习武功，270多年以来形成了茶园村民"农忙务农，农闲练武"的氛围。2008年5月，浙江省武术协会承解放老师到茶园村实地考察，认定其拳种属"小南拳"，与福建连城武术具有历史渊源，并更具原始风貌。经过几百年的发展，茶园武术动作多变，步稳势烈，发力短猛，防守严谨，至今仍有七个套路留传。因此，作为茶园武术的核心基因"环境优美、武术底蕴深厚的茶园村""刚猛有力的拳术""攻守兼备的棍术"自出现起延续至今，未曾明显中断，在发展过程中保持相当稳定的状态。

（二）凝聚力评价

在古代，茶园村民练习茶园武术以防御土匪强盗入侵、抵御财主欺压。如今随着生活水平的提高和社会环境趋于平安稳定，茶园武术转变为强身健体的体育运动。在茶园村，家家户户都有习武者，每天清早，村里人相聚林间，研习武艺。良好的习武传统赋予了茶园村村民优越的身体素质，60岁的老人健步如飞，90岁的老人还能下地干活，均得益于几十年如一日的习武传统。因此，作为茶园武术的核心基因，"环境优美、武术底蕴深厚的茶园村""刚猛有力的拳术""攻守兼备的棍术"曾部分凝聚起区域群体力量，对社会经济文化的发展产生过影响。

（三）影响力评价

2020年，茶园村申报组建遂昌茶园武术非遗文化研学基地，拉开了茶园武术走出茶园的序幕，在丽水及周边地区形成了一定的影响力。茶园武术基地以"非遗文化、武术体验、特色乡村"为主题，以"天人合一、文化养生"为理念，集学习体验、陶冶情操于一体，指导人们将身心融于大自然中，享受一种世外桃源式的生活。基地内设有演武场、中华武术发展回廊、茶园武术非遗文化馆、练功场（棚）、苦槠林群、红军养伤洞、险要山寨隘口、高档茶楼、多功能演艺厅等。基地具有传承历史文化和生态保护示范性作用，集练武、养生、养性于一体，是习武者的终身学校和精神家园。因此，作为茶园武术的核心基因，"环境优美、武术底蕴深厚的茶园村""刚猛有力的拳术""攻守兼备的棍术"具有市县、乡镇范围的影响力。

（四）发展力评价

近年来，茶园武术以节会、研学活动、操练展示等形式从大山走进县城，走进学校、走入大众视野，为全民健身贡献力量。同时，它还被列入浙江省、丽水市和遂昌县三级非物质文化遗产名录。2010年起，茶园村每年都举办茶园武术大会暨茶园礼树节，邀请本县及周边市县武术队参演。2011年，遂昌县龙洋小学被列为茶园武术传习基地学校，2014年，遂昌育才中学成立茶园武术传习社团，2018年，遂昌县金岸小学成为茶园武术传承基地学校。在遂昌县，弘扬民族文化，传承武术精神，茶园武术扮演了重要的角色，因此其核心基因"环境优美、武术底蕴深厚的茶园村""刚猛有力的拳术""攻守兼备的棍术"与当代精神追求和价值观念相契合，获得了创造性转化、创新性发展。

三、核心基因保存

"环境优美、武术底蕴深厚的茶园村""刚猛有力的拳术""攻守兼备的棍术"作为茶园武术的核心基因,有《茶园武术手册》等9项文字资料,保存于遂昌县文化基因解码调查组资料库。另外,还有省市县报刊、电视、网络等媒体发表的《大山深处的武林高手部落》《遂昌深山有个武术村》《清代传统武术在龙洋乡苏醒》《龙洋农民与老外同乐》《山村武林会》《武林风》等报道文章和栏目。实物材料茶园村茶园武术非遗文化馆、研学基地位于遂昌县龙洋乡茶园村。

遂昌茶灯戏

汤公遗爱　遂昌文化基因

遂昌茶灯戏

茶灯戏是流传于遂昌县北乡白马山麓桃溪畔的一个民间区域性戏种。据浙江省艺术研究所专家考证，茶灯戏为宋代延传下来的一种茶文化表演形式，它是茶农为庆祝茶叶丰收和企盼来年茶叶有好收成而组织的欢庆活动，集灯、歌、舞、戏于一体，后来又加入了民间小调，最终演变成了茶灯戏。在遂昌县应村乡的小金竹村和高坪乡的湖连村，每逢过年、元宵和春茶采摘前，都要举行隆重的茶灯戏表演。

遂昌茶灯戏与其他地方的灯舞不同。从表演形式上看，茶灯戏既可走家串户表演，又可集中于舞台表演；从舞蹈动作来看，与茶叶生产实践联系密切，劳动生活气息浓厚；从曲谱和歌词来看，带有民歌和方言的色彩，其内容和风格独具特色，是遂昌民间宝贵的文化遗产。茶灯戏是典型的综合表演艺术，富有社会科学研究价值，其表演形式和内容均有鲜明的地方色彩，被有关专家誉为"戏曲的活化石"。

遂昌是茶叶生产大县，有茶园5.5万亩，年产量达2800吨。茶叶生产的历史源远流长。唐宋之际，朝廷设"茶司"衙门，专管茶事。州县官员"斗茶"定品，各地茶商会集，纳钱请引，形成"茶市"。茶市期间，商贾云集，妓乐竞美，种种娱乐嬉戏活动随之产生。明代初期，遂昌茶叶被列为朝廷贡品。万历年间，著名文学家、戏剧家汤显祖任遂昌知县时诗云："长桥夜月歌携酒，僻坞春风唱采茶。即事便成彭泽里，何须归去说桑麻。"反映当时有采茶小曲传唱。这种小曲歌词内容比较随意，既可以在生产劳动中唱，也可以在厅堂里唱，被人们称作采茶歌。后来吸收和借鉴外来文化流播，逐渐形成了内容比较固定、边唱边舞、以花灯为道具的一种民间歌舞，俗称"茶灯戏"。清中期后地方戏曲蓬勃发展，民间剧团和木偶戏在城乡各地演出影响巨大，茶灯戏又吸收和融入小戏，丰富了内容，并在偏僻的山村中流传。但由于多种原因，会茶灯戏表演的老艺人已屈指可数，茶灯戏濒临失传。

1983年，全国开展民族民间舞蹈集成编纂工作，县文化馆在普查时发现了茶灯戏工尺谱抄本，随后在高坪乡湖连村恢复了茶灯戏表演。1987年，塘下村恢复了茶灯戏表演。2004年2月在浙江省民族民间艺术资源普查时，县文化部门对遂昌茶灯戏进行重新挖掘整理，再次恢复了湖连村、塘下村的茶灯戏表演队。2005、2006年，县文化馆组织的茶灯戏表演队分别参加了在山东济南和青岛举办的"国际茶产业博览会"开幕式演出。2006年，遂昌茶灯戏代表队参加浙江省群星奖小戏曲汇演，获得银奖。

2007年，"茶灯戏"由遂昌县申报，被列入第二批浙江省非物质文化遗产名录。

一、要素分解

（一）物质要素

1. 以小见大的丰富内容

遂昌茶灯戏是遂昌民间艺术中歌唱、杂耍、戏曲等多种艺术形式的融合表达，在每一个简单的遂昌茶灯戏表演曲目中，都能对社会的不同阶层进行一定的演绎，用以小见大的艺术表现手法，反映出社会现状。遂昌茶灯戏由乐队和表演两部分组成：乐队一般由5—15人组成，音乐伴奏以打击乐、弦乐为主，主要乐器有唢呐、先锋、吉子、锣鼓、笛、板胡、京胡等；表演一般由14人组成，"茶公""茶婆"各1人，"茶女"8人，排灯2人，蜈蚣旗2人。灯舞主要由"引子""采茶""贩茶""盘茶""谢茶"五部分组成，其中穿插《补缸》《绣花鞋》《看相》《打花鼓》《十送》等14种小戏。遂昌茶灯戏除了具有广为人知的普通话唱腔外，还有部分针对遂昌方言的道白及演出形式，只在其特定的语言使用区域流传，这一部分茶灯戏具有更加鲜明的地域特征，方言的使用对于人物的生动刻画也有着一定的影响，能更好地演绎不同阶级的人物形象，更突出以小见大的内容表达特点。

2. 灯、戏结合的演绎形态

在遂昌茶灯戏的戏剧演绎中，灯、戏结合是其独特的艺术表演特点。在我国，赏灯始终都是一门具有悠久历史的民间艺术形式，丰收赏灯更是遂昌当地的古老风俗。我国的历史当中就有许多关于遂昌茶灯戏的记载。如明万历年间著名文学家、戏剧家汤显祖《题溪口店寄劳生希召龙游二首》之一："谷雨将春去，茶烟满眼来。如花立溪口，半是采茶回。"其所描绘的如花少女喜采春茶的水墨画卷可见一斑。遂昌茶灯戏就是来源于人民的茶事生活。每当到产茶季节，在产茶山地便会出现成群结队的采茶女，她们一边采茶，一边唱歌，有的对唱情歌，有的歌颂生活。歌声嘹亮，舞姿优美，蕴含浓郁的生活气息。而且随着遂昌茶灯制作工艺的进一步发展，遂昌茶灯戏中茶与灯的艺术表演结合也更加紧密，其茶灯戏中灯、茶两开的艺术表达方式，就是对于灯、茶结合的重要体现。在遂昌茶灯戏的表演过程中，由于曲目的表演时间较短，往往不能很好地满足民间群众的娱乐需求，因此在民间的演出过程中，常常使用花灯与戏曲表演相结合的方法，让演员手持花灯进行特色的舞蹈表演，在舞蹈表演和戏曲表演相融合的形式下，能更好地吸引观众的注意力，也能延长遂昌茶灯戏的演出时间。这种灯与戏紧密结合的演绎形式，也在一定程度上对要表达的人物形象进行了更加生动的刻画和表达，更有利于对遂昌茶灯戏这一古老艺术的传承与发展。

（二）精神要素

生动活泼的演绎风格

茶歌是茶灯戏的主要艺术形式和核心内容。日常生活里，人们传唱最多的是《十二月采茶》，内容表现茶农一年四季的劳动生活和丰收的喜悦。曲调简单，自娱性较强。进入歌舞阶段后，因表演需要，灯班艺人又在《十二月采茶》的基础上插入了《状元采茶》《古人采茶》《盘茶》《贩茶》等多种歌段和茶歌小调，大大丰富了演唱内容。茶歌的唱词以七字句为宜，有口语化、通俗化的特点。尽管各歌段的内容不尽相同，但一般都采用十二个月的顺序来点题演唱，如《十二月盘茶》《十二月采茶》等，体现了民间歌曲的文学特征。如唱以古代人物为主题的《十二月采茶》："正月采茶正月正，洪武兴兵下南京。提兵骁将胡大海，打破采石常遇春。二月采茶龙抬头，王三小姐抛绣球。王孙公子千千万，绣球单打平贵头。……"采茶歌节奏流畅、旋律优美、易唱易懂。从音乐特征上看，该曲为对称性二句体乐段。通过帮腔又将上下乐句的后两个小节重复再现一次，突出了热烈欢快的茶歌风格。在曲调落尾，又增添了一个小拖腔，恰似画龙点睛，使音乐旋律变得委婉酣畅、优美动听。由此可见，这首结构短小的采茶歌通过领唱、帮腔、衬词的巧妙运用，丰富了曲调的表现力，表达了采茶姑娘喜悦、欢乐的劳动心情，应该说是一首很有特色的采茶歌。

茶灯戏的正常演出，一般在两个小时左右，唱词长达一百多句。但观众并无乏味的感觉，而是听者动容，观者尽兴。究其原因，一是旧时农村娱乐生活贫乏，二是演员的演唱生动活泼。具有载歌载舞的表演形式，是茶灯戏盛行不衰的一个重要原因。

（三）制度要素
多元一体的表现形式

遂昌茶灯戏的艺术表达形式是在遂昌当地的民间歌舞基础上借鉴吸收当地较为流行的其他的民间艺术综合而成的，拥有多元一体、含蓄又有深度的艺术表现特点。这一艺术特点的形成，主要与遂昌茶灯戏和当地丰收活动的有机融合有关。

在我国的民间艺术中，丰收活动

始终保持着一定的艺术地位,在遂昌县内,丰收季节唱茶灯戏更是自古以来的传统,目的是让人们在劳动之后,能够享受到身心的放松愉悦。因此,遂昌茶灯戏与庆祝丰收结合的表现形式就趋向于娱乐和放松,这种互相融合的艺术表现形式,不仅满足了劳动人民的精神需求,也在轻松愉悦的氛围中,唤起人们对于新生活的向往。在丰收时进行的遂昌茶灯戏节目表演,有很多成了后来遂昌茶灯戏的代表性作品。

二、核心基因提取与评价

基于对材料的全面、深入分析，得出本文化元素的核心基因："以小见大的丰富内容""生动活泼的演绎风格""多元一体的表现形式"。

遂昌茶灯戏核心文化基因评价依据

评价项目	评价因子	评价依据（特点）	是否
生命力评价	文化基因存续的时间	自出现起延续至今，未曾明显中断	
		自出现起延续至今，但多次衰微、中断后复兴	√
		曾明显衰败，改革开放后开始复兴或历史溯源关键环节缺失，难以考证	
		文化形态主体已灭失，现存部分痕迹	
	文化基因的稳定性	在发展过程中保持相当稳定的状态	√
		在发展过程中存在明显的精神内涵、表现形式剧变	
凝聚力评价	文化基因的凝聚力及社会动员效果	曾广泛凝聚起区域群体的力量，显著推动过社会经济文化的发展	√
		曾部分凝聚起区域群体力量，对社会经济文化的发展产生过影响	
		凝聚过力量，创造过实际的发展动能，但未见对社会经济文化发展产生显著改变	
		仅在历史文献或口耳相传中存在，未见实际介入社会经济发展	

续表

评价项目	评价因子	评价依据（特点）	是否
影响力评价	辐射的范围	具有全国性、世界性的影响力	√
		具有长三角区域、浙江省影响力	
		具有市县、乡镇影响力	
	提炼的高度	已经被古代文人士大夫和当代学者提炼为精神符号和理念理论	√
		单纯的样式、造型、工艺技术规范	
发展力评价	与当代精神追求和价值观念的契合	传统文化基因得到创造性转化、创新性发展；区域革命文化基因被完整继承、广泛弘扬；区域社会主义先进文化基因成为与浙江"三个地"相适应的文化高地	√
		部分转化、部分弘扬、部分发展	
		难以转化、难以弘扬、难以发展	

说明：基因特点评价是对解码出来的基因，根据本《导则》表2的要求，围绕"四个力"逐一对表打"√"，进行定性表述

（一）生命力评价

遂昌茶灯戏作为我国具有代表性的优秀民间艺术形式，拥有浓厚地域特色、独特艺术风格，是在历史的机缘巧合中由我国的传统文化孕育的。"以小见大的丰富内容"指"采茶"内容和茶事活动相联系，其他小戏取材于民间，富有劳动生活气息。"生动活泼的演绎风格"指表演时亦歌亦舞，语言通俗、风趣，夹带方言，富有地方色彩。其音乐选取民间小调，每个小戏用不同的曲调，调名即小戏名，如俗称"采茶调""补缸调""卖花线调""看相调"等。"多元一体的表现形式"指遂昌茶灯一般为正月走村串户表演，也可在舞台或广场上表演。

（二）凝聚力评价

遂昌茶灯戏时断时续留传至今。2004年后，高坪乡湖连村、塘下村、应村乡小金竹村茶灯戏表演队重组，坚持每年演出。2005年，遂昌县人民政府在高坪乡中心小学建立遂昌茶灯戏传承学校，在高坪乡湖连村和塘下村建立遂昌茶灯戏传习基地。省、市级非物质文化遗产代表性传承人有罗法林、祝永喜、祝金保、胡土法等。遂昌茶灯戏在高坪乡湖连村、塘下村恢复了2支农民演出队，有演出人员和乐队人员共40多人。2004年7月，文体广电局还组织力量对遂昌茶灯戏进行了整理、加工、提炼，组建了遂昌茶灯戏表演示范队。这些恢复不久和新组建的"昆曲十番"演奏队和茶灯戏演出队，在2004年9—10月举行的遂昌县民间文化大集演出亮相后，受到了广大人民群众的高度赞赏。2006年9月，遂昌茶灯戏表演队又参加了"2006中国·遂昌汤显祖文化节暨汤显祖国际学术研讨会"开幕式大型文艺演出，古老而富有魅力的传统民间艺术表演，博得了现场国内外专家、学者的热烈掌声。2005年，遂昌茶灯戏被列为浙江省民族民间艺术保护工程专业试点项目。

（三）影响力评价

茶市是地方极盛的时令集市，每年的茶市期间，冠盖相接，车船云集，商贾集聚，学士会文，高僧鼓经，妓乐竞美，百戏辐辏。在当时，遂昌的"茶市"也是相当隆重热闹的，"遂昌茶灯戏"正是应当时茶市活动而产生的，是当时茶市期间百戏竞乐活动中的一项重要节目。

据《遂昌县志》记载，民国二十七年（1938），全县产茶30吨，桃溪乡（今应村乡）、於头乡（今石练镇辖区内）、奕龙乡（今琴於乡）为盛产地。茶园大都建在山坡上，田头地角、房前屋后也有零星栽茶。1974年，遂昌县被列为全国100个茶叶生产基地县之一。桃溪流域是遂昌旧时的茶叶盛产地，茶灯戏几百年来在桃溪的小山村间流传，这是历史文化和地理环境使然。据专家考证，茶灯戏从宋代开始就在浙江广泛流行，是我国戏剧——戏弄的一种。现今福建、江西的采茶戏是由浙江传过去的。

（四）发展力评价

近年来，遂昌县在发展茶经济中融入茶文化，使经济和文化实现互促互动。县文化部门对茶灯戏进行了抢救性发掘和保护，重新成立了茶灯戏表演队，组织了一批爱好文艺的年轻人，向老艺人讨教学习，至今已整理出了《采茶》《补缸》《春花线》《打花鼓》《凤阳为相》等20多个民间小戏。深藏于小山村的民间戏剧艺术瑰宝，终于重放异彩。遂昌先在应村乡的小金竹村和高坪乡的湖连村"抢救"茶灯戏，成立茶灯戏表演队，进行保护性发掘，然后再将茶灯戏在全县各产茶乡村推广，进一步把"茶文化"融入"茶经济"之中。艺术来源于生活，更高于生活。此种茶俗活动在生活中与时俱进，形式与内涵不断丰富，具有源源不断的生命力。

三、核心基因保存

"以小见大的丰富内容""生动活泼的演绎风格""多元一体的表现形式"作为遂昌茶灯戏的核心基因,有《宋代茶文化的活标本》《遂昌茶灯戏重放异彩》等7篇文字资料,保存于遂昌县文化基因解码调查组资料库。出版物有《遂昌县志》等。

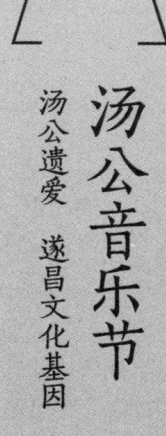

汤公音乐节

汤公遗爱 遂昌文化基因

汤公音乐节

400多年前，一代文豪汤显祖创作了传世名著《牡丹亭》，为遂昌这座城市留下了丰富的精神食粮，从此也在遂昌种下了音乐的种子。400多年后，为纪念汤显祖为遂昌做出的传世贡献，积极推动汤公文化的繁荣发展，以"音乐"撬动遂昌文旅发展，中国遂昌汤公音乐节应运而生。

　　汤公音乐节涵盖了高水平演出、中西方文化交流、音乐公益教育三大主要板块，是润泽心灵的视听盛宴，是名家荟萃的音乐盛会，是践行文化自信的梦想舞台，既展现当代优秀青年音乐家的风采，为山区的孩子提供放飞音乐梦想的舞台，也让对遂昌原创文化一往情深的民众再次感受到山水原本、文化原创的可贵。

汤公音乐节的诞生，来源于遂昌悠久的原生态音乐文化历史与艺术氛围，来源于遂昌对汤公文化的传承与发扬，也是遂昌县政府对文旅改革创新发展的深入探索与积极实践的成果。

近年来，遂昌县深入推进文化和旅游改革创新发展，紧紧抓住浙江省首批文旅产业融合试验区创建机遇，积极探索文旅融合发展新路径、推出新举措，以音乐大师、音乐基因、音乐平台等为主线，全面打造"音旅融合"发展新模式，引领文旅产业融合改革试验区创建。

以"音乐+文旅"发展新模式为核心，遂昌通过强化资源聚合，打造"小城大节"。

一是聚合大师资源，打造"原创遂昌"品牌。牵手国际知名音乐家陈其钢、青年指挥家陈琳等一批音乐人来遂昌开展音乐创作。依托遂昌优越的自然生态环境，将遂昌传统文化与诗词融入歌谣，在世界舞台推广遂昌音乐，全面提升"原创遂昌"影响力。

二是聚合平台资源，擦亮"公益遂昌"名片。依托"陈其钢音乐工作坊""青培计划""躬耕书院音乐筑梦班"三大公益艺术教育平台，培养国内外青年艺术家，并为本地400多名孩子插上音乐梦想的翅膀，走上国内外的大舞台。

三是聚合乡村资源，丰富"教养遂昌"内涵。坚持把优秀的音乐资源配送至乡村，通过"慈孝遂昌"红歌专场音乐会、音乐家进社区、慈孝课堂等活动，提升群众艺术修养，营造文明实践的良好氛围，弘扬文化传承的正能量。此外，利用全国新时代文明实践试点的工作平台，借助文化礼堂智慧系统，使高雅艺术与群众生活更加贴近，提升群众的音乐素养、人文素养。

在"教养遂昌、原创遂昌、公益遂昌"的目标指引下，遂昌进行了一系列的"音旅融合"国际化产业发展探索。

在中西文化交流方面，2010年，遂昌开启了与莎士比亚故乡英国斯特拉福德的交流合作之路，并通过多种举措，不断加深汤显祖—莎士比亚文化交流合作，加快汤显祖文化"走出去"步伐，铺就中西戏剧交流的"丝绸之路"，大力推进优秀文化走向世界。2018年浙江省对外开放大会提出，将遂昌与莎士比亚故乡斯特拉福德的友好合作推向深处，共建汤显祖－莎士比亚戏曲小镇，定期举办汤显祖－莎士比亚文化节，打造地方参与国际人文交流合作的样板。并将此举列入省委、省政府10项新的对外开放重大举措。

在音乐公益教育方面，2013年，遂昌成立了躬耕书院"琴圩仙韵"音乐筑梦班，每年假期都会招收一批拥有音乐天赋的孩子，培养他们的音乐细胞，挖掘他们的音乐潜能，同时也为山里娃提供"音乐筑梦，扬帆起航"的平台，让他们在更大的舞台与名家大师同台演出，练胆量、长见识。筑梦班里的孩子都来自大山，原本未曾学过音乐，但自从进入音乐筑梦班后，每到周末、小长假、暑假、寒假，就会跟着国内外一流专业音乐老师，进行器乐、声乐、舞台艺术等不同专业方向的培养。通过音乐筑梦班，孩子们相继登上了省市舞台，与国内顶级交响乐团合作，还在遂昌、丽水、杭州、苏州等城市举办专场音乐会。

汤公音乐节便是遂昌打造"音旅融合"国际化产业最好的落地展示平台。2018年，由浙江省文化厅、浙江省旅游局指导，中共遂昌县委、遂昌县人民政府主办，中共遂昌县委宣传部、遂昌县文广出版局、遂昌县旅委、遂昌县文联、躬耕书院承办的首届中国遂昌汤公音乐节在汤显祖大剧院开幕。音乐节作为第八届浙江遂昌汤显祖文化节暨"汤公遗爱 盛世遂昌"活动之一，通过中西合璧、新老结合的方式，集合弦乐团合唱、钢琴独奏、弦乐重奏等多种音乐表现形态，为当地百姓和游客奉上了一场场高品质的音乐盛宴。

2019年的遂昌汤公音乐节，以推进进一步发挥人文优势，加快建设文化大省的"八八战略"目标在遂昌再深化、新实践为目标，以"小城大爱、小村大师、小孩大梦、小调大情"为主要特点，以推广"教养遂昌、原创遂昌、公益遂昌"为主题，实施高规格、高品质推进高端文化惠民工程，以"中西合璧"方式助力汤莎国际人文交流合作，让世界再次感受到山水原本、文化原创的可贵。以"音乐筑梦"行动支持音乐人才培养，以"音乐＋旅游"撬动全域旅游发展，努力将"遂昌汤公音乐节"打造成"原创音乐好莱坞"。

汤公音乐节全方位立足文旅融合，依托县域良好的生态人文环境，在汤显祖大剧院、旅游景区、乡村社区、民宿小巷等文旅型载体，举办弦乐、民乐、打击乐等类型多元、形式多样的主题日室内音乐会、乡村实景音乐会、小巷音乐会等活动。配套组织以"民俗+音乐"为主题的街头微演绎等特色活动，活跃音乐节艺术氛围，增强群众及游客的参与度，以此推动县域文旅产业的深度融合，打造"音乐+旅游"遂昌的IP。同时，充分发挥躬耕书院坚持实施公益音乐教育优势，借助陈其钢音乐工作坊、躬耕书院音乐筑梦班、汤公音乐节青培计划等专业平台，通过音乐家进家庭、音乐大师进校园、音乐培训进社区、音乐作品进乡村等形式，全力推动服务本土音乐人才的培养，培育本土化的专业乐团、艺术教育传承基地，全方位推进音乐育人、音乐化人的新时代文明实践。

自然与艺术的完美融合，历史与文化的交相辉映，高雅与高水准的品质保证，遂昌汤公音乐节向全世界传播它最美的声音。文化与遂昌山水相结合，让遂昌的绿水青山真正转化为金山银山。

一、要素分解

（一）物质要素

1. 优美的自然生态环境

遂昌境内峰峦叠嶂、山高林密，自然环境优美，孕育着创作文化艺术作品的肥沃土壤。"山也清，水也清，人在山阴道上行，春云处处生。"这是400多年前，时任遂昌县令汤显祖对遂昌原生态自然环境的唯美写意。在这悠悠清波、绵绵群山中，汤公搭建了明清戏剧的至高篇章《牡丹亭》的创作框架。即使经历了400多年，今人仍沉浸于其柔婉昆腔呼唤出的生死至情中。如今，依托遂昌优越的自然生态环境，陈其钢老师的《万年欢》《江城子》《悲喜同源》《归来》等著名音乐作

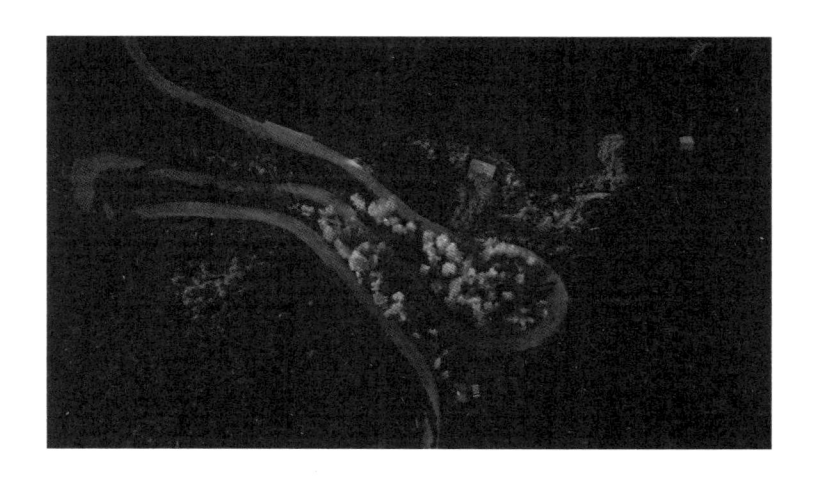

品也在遂昌诞生，这些汲取了遂昌绿水青山之灵气的音乐作品走向世界。陈其钢将遂昌传统文化与诗词融入歌谣，形成原创音乐作品《遂昌赋》，并在汤公音乐节上向全球发布。

2. 悠久的音乐文化历史

近年来，遂昌县吸引了众多来自世界各地的游客、昆曲爱好者，其魅力源于中国明代戏曲家、文学家汤显祖。400多年前，才华横溢的汤显祖来到遂昌做县官，从此就和这座山城结下了不解之缘。在遂昌主政的五年，是汤显祖人文思想的成熟期，更是创作的巅峰期，遂昌昆曲十番就是汤显祖在遂昌任知县时流传下来的民间艺术。2008年，这一至今已有400多年历史的民间艺术被列入国家级非物质文化遗产代表性项目名录。正是这发轫于民间的自觉与底气，推动着遂昌县代代接力，深度开发汤显祖文化。

（二）精神要素

1. 面向当代的创新精神

2018的汤公音乐节是拨动琴弦的初音。以"小城大美、小村大师、小孩大梦、小调大情"为特色的汤公音乐节在遂昌汤显祖大剧院隆重开幕。它告别了传统剧院内的音乐表演形式，音乐家们将音乐搬到遂昌乡村和风景区，以音乐展示千年遂昌的悠久文化和山水魅力。2019年的遂昌汤公音乐节也采用了多元化的风格和大胆尝试的演出形式，深度诠释了"绿水青山就是金山银山"理念在遂昌的生动实践，为遂昌弘扬践行浙西南革命精神"摇旗助威"。

2. "用音乐点亮梦想，用爱传播希望"的奉献精神

在2019遂昌汤公音乐节开幕式现场，由躬耕书院音乐筑梦班的孩子演唱的原创作品——2019中国遂昌汤公音乐节主题曲《逐梦遂昌》首次亮相，惊艳全场。这群来自大山的孩子用清越纯洁的歌喉，在音乐舞台上一次次唱响心中的梦想，演绎出一个个生动的追梦故事。音乐筑梦班从2013年创办至今，多次与杭州爱乐乐团等西洋及民族管弦、交响乐团合作，孩子们相继登上了省、市各大舞台，先后在杭州大剧院、杭州孔庙、苏州太湖大学堂、丽水大剧院、莲城剧院等地参加演出，孩子们用自己的实力一次次征服各地的观众，收获了如潮的掌声。一直以来，音乐筑梦班通过开展各项公益活动，让全社会更多关注到大山里的孩子。这个平台，不仅为山里孩子开拓了眼界，甚至改变了不少人的命运。

（三）制度要素

音乐文化资源与旅游产业融合的机制

汤公音乐节作为推动遂昌文旅发展的积极实践，作为向全国、向世界展示遂昌的一个窗口，以"音旅融合"的独特形式，打造"音乐+旅游"IP，在全县各大景区融入汤公音乐元素，举办"独山·风言风语音乐趴""南尖岩星空音乐会""琴遇红星坪""非洲音乐趴"乡村专题音乐会、民宿音乐沙龙、小巷音乐雅集等音乐会，成为文艺青年的"打卡圣地"和游客的"体验胜地"。此外，在民宿、乡村等点位植入音乐研学课程，并在音乐研学目的地打造上出新局、谋新业，同步推出金矿地质矿产研学之旅、浙西南红色研学之旅、汤显祖文化研学之旅等，推动遂昌文旅产业迭代升级。据不完全统计，每年音乐节至少吸引5万多人次的游客参与半个月到20天不等的音乐旅游狂欢，带动县域旅游综合消费近4亿元，仅音乐节期间住宿设施入住率就达到近九成，音乐节文创产品销售额翻倍增长，举办活动的景区、乡村甚至一条小巷都成为网红打卡点。

二、核心基因提取与评价

基于对材料的全面、深入分析,得出本文化元素的核心基因:"优美的自然生态环境""面向当代的创新精神""用音乐点亮梦想,用爱传播希望的奉献精神""音乐文化资源与旅游产业融合的机制"。

汤公音乐节核心文化基因评价依据

评价项目	评价因子	评价依据(特点)	是否
生命力评价	文化基因存续的时间	自出现起延续至今,未曾明显中断	√
		自出现起延续至今,但多次衰微、中断后复兴	
		曾明显衰败,改革开放后开始复兴或历史溯源关键环节缺失,难以考证	
		文化形态主体已灭失,现存部分痕迹	
	文化基因的稳定性	在发展过程中保持相当稳定的状态	√
		在发展过程中存在明显的精神内涵、表现形式剧变	
凝聚力评价	文化基因的凝聚力及社会动员效果	曾广泛凝聚起区域群体的力量,显著推动过社会经济文化的发展	√
		曾部分凝聚起区域群体力量,对社会经济文化的发展产生过影响	
		凝聚过力量,创造过实际的发展动能,但未见对社会经济文化发展产生显著改变	
		仅在历史文献或口耳相传中存在,未见实际介入社会经济发展	

续表

评价项目	评价因子	评价依据（特点）	是否
影响力评价	辐射的范围	具有全国性、世界性的影响力	√
		具有长三角区域、浙江省影响力	
		具有市县、乡镇影响力	
	提炼的高度	已经被古代文人士大夫和当代学者提炼为精神符号和理念理论	
		单纯的样式、造型、工艺技术规范	
发展力评价	与当代精神追求和价值观念的契合	传统文化基因得到创造性转化、创新性发展；区域革命文化基因被完整继承、广泛弘扬；区域社会主义先进文化基因成为与浙江"三个地"相适应的文化高地	√
		部分转化、部分弘扬、部分发展	
		难以转化、难以弘扬、难以发展	
说明：基因特点评价是对解码出来的基因，根据本《导则》表2的要求，围绕"四个力"逐一对表打"√"，进行定性表述			

（一）生命力评价

"优美的自然生态环境""面向当代的创新精神""用音乐点亮梦想，用爱传播希望的奉献精神""音乐文化资源与旅游产业融合的机制"，作为汤公音乐节发展壮大的核心文化基因，具有顽强的生命力。遂昌通过打造"音乐+旅游"IP，进行产业转型发展，不断地延续、丰富和壮大汤公音乐节的精神内涵和生命力。

（二）凝聚力评价

"优美的自然生态环境""面向当代的创新精神""用音乐点亮梦想，用爱传播希望的奉献精神""音乐文化资源与旅游产业融合的机制"作为汤公音乐节的核心文化基因，具有广

泛的凝聚力和向心力。躬耕书院音乐筑梦班,广泛凝聚起了遂昌热爱音乐的孩子,并助力他们实现音乐梦想。同时,音乐节集结了一批具有国际影响力的音乐大师共同助力汤公音乐文化的发展,推动了遂昌社会经济文化的繁荣发展。

(三)影响力评价

"优美的自然生态环境""面向当代的创新精神""用音乐点亮梦想,用爱传播希望的奉献精神""音乐文化资源与旅游产业融合的机制"作为汤公音乐节的核心文化基因,在全国、全世界都具有深远的影响力。众多原创文艺作品向世界展示了遂昌,让文化"走出去",影响着世界音乐的发展。同时,汤公音乐节为热爱音乐的遂昌人插上了梦想的翅膀,深深影响着遂昌人民。

(四)发展力评价

近年来,遂昌县深入推进文化和旅游改革创新发展,紧紧抓住浙江省首批文旅产业融合试验区创建机遇,积极探索文旅融合发展新路径、推出新举措,以音乐大师、音乐基因、音乐平台等为主线,全面打造"音旅融合"发展新模式,引领文旅产业融合改革试验区创建。

三、核心基因保存

"优美的自然生态环境""面向当代的创新精神""用音乐点亮梦想,用爱传播希望的奉献精神""音乐文化资源与旅游产业融合的机制"作为汤公音乐节的核心基因,有《2019汤公音乐节宣传手册》《2019汤公音乐节方案》等6项文字资料,保存在遂昌文化基因解码调查组资料库;图片材料有20张,保存在遂昌文化基因解码调查组资料库;视频资料有《2018遂昌音乐节·听见遂昌》《2018遂昌汤公音乐节·我和你在遂昌》《2019中国遂昌汤公音乐节开幕式·又见遂昌》等3项,保存在遂昌文化基因解码调查组资料库。

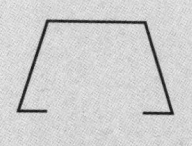

遂昌黑陶

汤公遗爱　遂昌文化基因

遂昌黑陶

1997年，我国考古队在遂昌县好川地区发现了好川文化遗址，共出土各类石器、玉器、陶器和漆器等文物1028件（组），其中黑陶数量最多。经专家鉴定，这些黑陶属于良渚文化晚期和马桥文化前期，具有"黑、薄、光、纽"四大特点，即乌黑如漆的色彩、器壁很薄、具有平滑的光泽，造型上具有鼻、耳、盖纽、流、足、扣手等适于使用的各种饰件和功能件。同时，这些黑陶在不同光线下能呈现出不同色泽，而且工艺精细，造型优美，有极强的表现力。

20世纪90年代，遂昌现代黑陶创始人吕鹤青、陶艺家汤建华，在遂昌黑陶企业创办者包宗仁等有识之士的支持下，对传统黑陶烧制技艺进行研究、转化。此后十几年间，遂昌黑陶烧制技艺在两位黑陶艺人的手中传承、发扬，掌握黑陶烧制技艺的艺人也从当初仅有的两人发展到如今的十余人，遂昌黑陶产业也从当初的手工小作坊向产业化转变。

遂昌黑陶是好川文化的典型代表，秉承黑陶工艺"黑、薄、光、纽"四大特点，结合现代审美要求，取材于当地纯净、细腻的灰沙土，通过匀和、沉淀、拉胚成型、压光、刻划等一系列精细的手工操作，然后利用独特的传统封窑技术进行渗碳工艺烧制。不上彩釉而浑身发亮，叩叩有声，实为民间制陶一绝。

在遂昌，无数陶器艺人醉心于黑陶的创作，陶艺家汤建华就是其中的一位。他从1990年开始探索黑陶艺术。为寻求黑陶艺术真谛，他虚心向行家里手请教，从古老的良渚文化和好川文化以及民间工艺中吸收营养。他注重陶瓷造型与装饰的结合，强调陶艺的独特性，突显整体的时代风格。功夫不负有心人，他的努力得到了回报。1992年，他的黑陶作品《双龙兽面双耳樽》被定为浙江省电视台大型晚会奖品；1993年，他创作的黑陶作品《梅瓶》，被浙江省人民政府作为礼品赠送给到访的美国前总统尼克松；2001年，他创作的《涡纹梅瓶》成为第三届浙江投资贸易洽谈会的指定礼品。遂昌的黑陶作品，也一件又一件走向海内外市场。近年来，汤建华所在的遂昌九龙工艺厂，复制上海、北京、南京等地全国各大博物馆馆藏品，取得了丰硕成果。他们复制的良渚博物院的异形鬹、浙江省博物馆的猪纹陶钵、嘉兴博物馆的人首陶瓶等作品已得到了市场和艺术界人士的一致好评。

从古至今，每一件黑陶都是火与土的交融，是人与自然的对话。如今，遂昌黑陶汇聚了卓越的工艺和技术人才，承载着悠久厚重的陶器历史，假以时日，必将迸发出耀眼的光芒，在中国乃至世界陶瓷文化历史长河中再次留下遂昌的光辉印记。

一、要素分解

（一）物质要素

丰富的制作工具

制陶所用的工具有沥泥用的泥池、泥筛，拉坯用的拉坯机（以前用人力拉坯机，后改用电动拉坯机）、游标尺、活动卡尺、刮板、锥刀、海绵、直尺、钢丝线等，修坯用的不同系列刀形工具，压光打磨用的塑料压光打磨工具，各种绘画工具，多类型雕刀。

（二）精神要素

1. 精益求精的匠人精神

在遂昌九龙工艺厂黑陶生产基地有个奇怪的规矩，每过一段时间会召集工人砸掉一批成品黑陶。因为个别黑陶在生产过程中会出现微小的瑕疵，形成消费者不易察觉的裂缝。为了避免瑕疵品损害遂昌黑陶的美誉度，厂里不惜花费本钱做出"牺牲"的决定。厂内经营者吕菊萍说："按最低平均成本每个100元计算，每年砸掉的1000多个产品，至少价值10万元。"正是制作匠人精益求精、一丝不苟的追求造就了黑陶卓越的品质。

2. 勇于突破、坚持创新的探索精神

现在的黑陶作品大部分用于书房摆件，结合雕刻镂空工艺，更像是艺术品，若当作生活器具使用，还有诸多不足。由于黑陶烧制温度只有800多摄氏度，所以胎体瓷化程度低，遇水时间一长容易出现软化的现象，极大限制了黑陶的使用范围。黑陶的这种局限性让黑陶匠人汤建华期望能够改善烧制的流程并创新材料，同时能保持黑色陶器的质朴，并能作为茶陶材料使用。遂昌满山的竹林和竹炭资源让汤建华有了新的想法。经过多次实验，汤建华把遂昌特产竹炭研磨成300目细竹炭粉，和当地的红黏土进行混合搭配，发明了全新的制作材料，成功烧制出了炭陶。汤建华研制的炭陶质地坚硬，玻璃在炭陶表面划过不留一丝痕迹，即使用金属器物刻划照样不留划痕。因此，炭陶不仅可以插花，还可以烧水、喝茶，用炭陶茶壶泡出来的茶，可以释放出茶的清香，存放多日而不变质，炭还可以吸附水中杂质，更利于人体健康。国际陶艺大师王俊文称赞汤建华："炭陶研究成功，不但对家乡的经济文化发展有贡献，对世界陶艺也是一种贡献。"2006年6月，汤建华被浙江省文化厅授予"省民间艺术家"称号，成为丽水市最年轻的省级民间艺术家。

（三）制度要素

繁复严谨的黑陶制作技艺

遂昌黑陶制作技艺工序繁复，包含选料、练泥、成型、雕刻、烧制五个步骤。选料，遂昌黑陶选用小颗粒、干燥、洁净的泥料，进池充分融化后再进行淘洗，然后过滤、沉淀至泥料晾干，并保持一定的湿度；练泥，遂

昌黑陶采用手工反复练泥和贮存腐化相结合，陈腐时间在15天以上；成型，遂昌黑陶采用全手工拉胚，粗胚成型后，在室内自然晾干到一定程度，再修胚至产品符合标准规格为止；雕刻，遂昌黑陶在雕刻前先检查陶胚表面是否有沙粒或角质，处理干净后需补完整，然后手工压光，再进行雕刻，刻完整后晾干。晾到一定程度后要再次均匀地压光，使整个产品显得油光发亮。随后，入窑烧制是黑陶区别于其他陶瓷的最为关键的环节。先将半成品陶坯有序装入窑内，再将足够的引火柴放入火塘，点燃引火柴料。趁着塘火旺盛的时候，加入适量的煤（柴），从小火到大火逐渐加煤（柴）升温，经过8个小时的文火慢烧阶段，再加大火力烧5个小时后，就需要封盖上窑顶口，并将窑的烟道全部封闭。最后将火塘口砌上墙砖，使其完全封闭。为达到最佳窑封效果，还要抹上一层填缝泥巴，并刷上泥浆，使窑室内的火与外面的空气完全隔绝。此时窑室内的温度保持在900℃左右，再从窑顶徐徐加一定数量的水，使木炭熄灭，产生大量浓重的黑色烟气，烟气中的碳分子约需10小时慢慢渗透进入陶坯

体，使坯体变成通体乌黑。然后，待窑火完全熄灭，窑内温度降至常温，并逐渐冷却。这时，拆去封闭墙，打开窑口，等待陶品出窑。

（四）语言和象征符号

1."黑、薄、光、纽"的外形特征

遂昌黑陶是好川文化的典型代表，由于快轮制陶和封窑技术得到普遍应用，所制器皿具有黑（乌黑如漆的色彩）、薄（器壁很薄）、光（具有平滑的光泽）、纽（造型上具有鼻、耳、盖纽、流、足、扣手等适于使用的各种饰件和功能件）等特点，"黑如漆、明如镜、薄如纸、声如磬、硬如瓷"，在不同光线下能呈现不同色泽，工艺精细，造型优美，有极强的表现力。

2.多样的黑陶器形

黑陶品类因时代不同而有所变化。好川文化出土的陶器大部分属于生产、生活品类，如水陶、食陶、酒陶等。具体为鼎（三足盘）、簋、鬶、罐、杯、圈、足盘、豆、三啄罐、印纹陶罐等。遂昌成功复制出良渚黑陶、河姆渡猪纹陶钵等，按系列分有花瓶、樽、筒（笔筒、卷筒）、挂件、罐、盒、杯、

鼎、香炉、烟灰缸、仿古等 10 多个系列，其中花瓶系列有近 100 个品种，樽、筒、挂件系列各有近 20 个品种，罐、盒系列各有 10 余个品种。仿古系列有异形鬶、宽把杯、高足杯、双壁壶、鸭嘴壶、鼎、豆等，以及为现代良渚博物馆内和余姚河姆渡博物馆内的黑陶藏品所复制的仿古黑陶。

二、核心基因提取与评价

基于对材料的全面、深入分析，得出本文化元素的核心基因："繁复严谨的黑陶制作技艺""勇于突破、坚持创新的探索精神""'黑、薄、光、纽'的外形特征"。

遂昌黑陶核心文化基因评价依据

评价项目	评价因子	评价依据（特点）	是否
生命力评价	文化基因存续的时间	自出现起延续至今，未曾明显中断	√
		自出现起延续至今，但多次衰微、中断后复兴	
		曾明显衰败，改革开放后开始复兴或历史溯源关键环节缺失，难以考证	
		文化形态主体已灭失，现存部分痕迹	
	文化基因的稳定性	在发展过程中保持相当稳定的状态	√
		在发展过程中存在明显的精神内涵、表现形式剧变	
凝聚力评价	文化基因的凝聚力及社会动员效果	曾广泛凝聚起区域群体的力量，显著推动过社会经济文化的发展	√
		曾部分凝聚起区域群体力量，对社会经济文化的发展产生过影响	
		凝聚过力量，创造过实际的发展动能，但未见对社会经济文化发展产生显著改变	
		仅在历史文献或口耳相传中存在，未见实际介入社会经济发展	

续表

评价项目	评价因子	评价依据（特点）	是否
影响力评价	辐射的范围	具有全国性、世界性的影响力	√
		具有长三角区域、浙江省影响力	
		具有市县、乡镇影响力	
	提炼的高度	已经被古代文人士大夫和当代学者提炼为精神符号和理念理论	√
		单纯的样式、造型、工艺技术规范	
发展力评价	与当代精神追求和价值观念的契合	传统文化基因得到创造性转化、创新性发展；区域革命文化基因被完整继承、广泛弘扬；区域社会主义先进文化基因成为与浙江"三个地"相适应的文化高地	
		部分转化、部分弘扬、部分发展	√
		难以转化、难以弘扬、难以发展	

说明：基因特点评价是对解码出来的基因，根据本《导则》表2的要求，围绕"四个力"逐一对表打"√"，进行定性表述

（一）生命力评价

遂昌黑陶是中国新石器时代晚期著名的良渚文化的珍贵遗产，它采用好川文化所在地的陶土为原料，运用二十余道手工工艺，采用独特的碳化窑变技术精制而成，形成细腻、精致、无釉无彩的特色。昔日，遂昌黑陶曾鼎盛一时，成为香供、馈赠的上等品。

九龙工艺品厂的创建者包宗仁祖祖辈辈以制作黑陶为生，包宗仁自然也精通黑陶制作工艺。农闲时，他曾和家人加工黑陶，尔后，用箩筐挑去变卖以贴补家用。1989年，遂昌县委、县政府提出了复兴黑陶文化的口号，包宗仁等一批制陶艺人赶上了大展身手的好时光，扩建厂房，招兵买马，改进工艺，形成了如今的黑陶产业。其核心基因具有强大的发展力。

（二）凝聚力评价

遂昌黑陶匠人精通黑陶制作工艺，世代以制作黑陶为生，在传承、创新和发扬这项古老技艺的同时，形成了庞大的黑陶产业，促进了当地经济、文化的发展。黑陶工艺企业遂昌九龙工艺厂和华艺黑陶厂成为当地黑陶产业的火车头。遂昌九龙工艺厂创建于1990年，具有生产各种生产、生活粗陶制品的历史，也是研发复制黑陶的首家企业，年产黑陶品种400多个，有万余件制品。2005年，遂昌九龙工艺厂黑陶制品被认定为浙江省传统工艺美术保护品种。2008年，九龙工艺厂陶瓷世家吕鹤青被评为省级非物质文化遗产"黑陶烧制技艺"代表性传承人。遂昌华艺黑陶厂则创立于1997年10月，坐落于遂昌县城南门，研制竹炭陶制作工艺。2004年，遂昌华艺黑陶厂搬迁至遂昌三墩桥（国际）陶艺村，所生产的"盘古黑陶"已成一个品牌，年产黑陶制品万余件。2006年，汤建华被省文化厅评为浙江省民间艺术家；三墩（国际）陶艺村被中国美术学院、鲁迅美术学院、西安美术学院、景德镇陶瓷学院、湖北美术学院等确定为厂校联合开发和学生教育实践基地。黑陶促进了当地经济、文化的繁荣和发展。

（三）影响力评价

运用独特的压光工艺及雕刻艺术手法，遂昌黑陶光亮如镜，突显高贵、典雅、古朴、神秘的特色。古老的传统文化焕发新的光芒，散发着无穷的魅力，销量迅速攀升。在一些大中城市，遂昌黑陶一时引领礼尚往来的潮流。浙江省人民政府多次指定遂昌黑陶作为贵重礼品，赠给国外元首、著名人士，如美国前总统尼克松等，遂昌黑陶成为工艺品中的"黑珍珠"。同时，遂昌黑陶建立起固定的销售网络，如杭州天工艺苑、杭州旅游品市场等。从1994年开始，遂昌黑陶批量出口至德国、法国、荷兰、美国、加拿大、日本、新加坡等地，内销至北京、上海、杭州等地。

（四）发展力评价

如今，遂昌县根据市场需要，结合环保理念，成功研发出新一代黑陶产品，从根本上改变了中国现代仿古黑陶工艺品的单一功能属性，由工艺品延伸到日用品，如壶类、杯类、盘类、

锅类、花盆类，以及室内装潢类的炭陶贴面墙砖和其他器物种类，体现炭陶工艺品、日用品兼备的多元价值。

同时，遂昌又结合汤显祖文化，成功开发影雕汤公盘、牡丹亭工艺瓶等。遂昌黑陶发展出400余个品种，年产各种规格的黑陶工艺品2万余件；规格大的高达90厘米，矮小的不足5厘米；除复制仿古良渚黑陶外，以生产观赏陶、礼品工艺陶为主。因此，遂昌黑陶工艺得到了传承，其核心基因得到了创造性转化、创新性发展。

三、核心基因保存

"繁复严谨的黑陶制作技艺""勇于突破、坚持创新的探索精神""'黑、薄、光、纽'的外形特征"作为遂昌黑陶的核心基因,有《遂昌良渚黑陶》《远古黑陶焕生机》《再现黑陶之光》等7项文字资料保存于遂昌县文化基因解码调查组资料库,遂昌黑陶制作工具、成品等实物材料保存于遂昌境内各黑陶制作企业中。

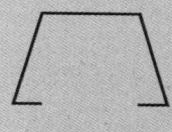

遂昌竹炭烧制工艺

汤公遗爱　遂昌文化基因

遂昌竹炭烧制工艺

遂昌县烧炭的历史，可谓源远流长，起于唐宋，盛于明清，并延续至今。据《遂昌县志》，自隋朝至北宋时期，遂昌人开辟本县中部和南部的盆地原始林地，先后开采遂昌的金银坑银矿和局下银矿，当时采用"烧爆法"得矿，"吹灰法"炼银，木炭是冶炼的主要燃料，从那时起，遂昌就有了筑窑、伐薪烧炭的习俗。因此在这一时期，遂昌炭业因冶炼业的兴起而获得迅速发展，出现了伐薪烧炭业和竹、木、薪、炭的市贸活动。

遂昌悠久的炭文化，形成了当地独特的竹炭烧制技艺，其主要烧制技艺流程包括毛竹采伐、筑窑、烧制等，其中烧制又分备料、装窑、热解、精炼、存放、加工和包装等工序，尤其是烧制过程与其他地区竹炭烧制技艺不同，具有独特性。

20世纪90年代初，根据国际市场的需求，遂昌在国内率先烧制白炭（青冈栋木炭）并出口日本，烧制的白炭以密度大、燃烧时间长的特点而风靡日本，年出口额达300万元，涌现了一批烧制白炭的出口炭商，木炭产业曾经一度成为当地农民增收的产业之一。

为了更好地保护环境和天然林资源，1995年，国家林业局开始全面禁止砍伐阔叶林。遂昌县从1996年开始停止烧制白炭，原来的木炭生产企业面临破产倒闭的境况。这对地处山区的遂昌农民的脱贫致富影响颇大。此时，遂昌县尽管山上的阔叶林资源还有不少，而且尚有漫山遍野的竹林资源，但竹林资源的优势一下子又难以转化为现实的经济优势。原从事白炭出口的炭商陈文照、李金明在了解到日本已在研制开发竹炭系列产品的信息后，先后投入近百万元研制费用，潜心钻研竹炭的烧制方法。经过一年多的艰苦努力，率先在国内开发出了适合日本、韩国市场需求的系列竹炭产品，从此竹炭业在遂昌逐渐发展起来。目前竹炭业已成为遂昌竹产业的第一大产业，竹炭企业有50多家，从业人员近4000人，共开发出两大系列、七大品系的300多个品种，年产值2亿余元，取得了较好的经济和社会效益，产业化发展格局初步形成。

进入21世纪后，遂昌竹炭产业迅速发展。2000年11月，浙江省林业厅授予遂昌县"竹炭之乡"称号；2002年，遂昌又被授予"中国竹炭之乡"称号。2002年5月，国内首个由竹炭企业组成的协会"遂昌县竹炭竹醋液协会"成立，两年后，由遂昌县竹炭竹醋液协会主持起草的《竹炭》浙江省地方标准由浙江省质量技术监督局发布实施，成为国内首个竹炭标准，并被浙江省政府确定为浙江省重点农业标准。2005年，经国家旅游局旅游资源普查评定专家组评定，"遂昌竹炭制品"成为国家五级（极品级）旅游资源单体。2006年，遂昌县产品质量监督检验所作为全省唯一的"特色区域实验室"被列入《浙江省质量技术监督系统检测项目发展规划》，同年12月，文照牌和名康牌竹炭制品被评为2006年浙江名牌产品。同时，因"遂昌竹炭"独特的竹炭烧制技艺和过硬的产品质量，国家质量监督检验检疫总局发布2006年第193号公告，批准从该日起对遂昌竹炭实施地理标志保护，2007年2月，"文照""卖炭翁"商标被认定为浙江省著名商标。经过多年发展，目前遂昌县已发展成为全国最大的竹炭生产、加工和出口基地。

一、要素分解

（一）物质要素

1. 丰富的竹子资源

遂昌县属于亚热带季风气候，温暖湿润，四季分明，雨量充沛，山地垂直气候差异明显。遂昌境内共有河流1400多条，分属钱塘江、瓯江两大水系，被称作"钱瓯之源"。遂昌90%以上地面为植物或水面覆盖，生态环境优越。土壤种类有红壤、黄壤、岩性土、潮土、水稻土等，并有明显的分布范围。海拔800米以上主要是黄土壤。黄、红壤土分别占全县土壤分布总面积的43%和48%，适宜发展林业生产和茶果等经济特产。遂昌是浙江省传统林业大县和重点林区县，有林业用地面积22.13万公顷，占土地总面积的87.1%。林木蓄积总量779万立方米，并以每年近25万立方米的速度增长。大量的山地资源、适宜的气候、充沛的降水、良好的生态环境使得遂昌县竹林资源非常丰富，为竹炭业的发展提供了充足的原材料。

2. 不断扩大的行业规模

竹炭行业规模不断扩大。遂昌竹炭生产企业进入21世纪以来，发展迅猛，从2001—2006年，企业数量增加到54家，竹炭产量达到近5200吨，产值2.07亿元。竹炭企业的生产基地基本覆盖全县有竹子的乡镇，规模较大的几家企业在建德、安吉、桐庐等本省竹材生产区已建立生产基地，甚至在邻近的福建、江西、安徽等省建立了生产基地。

（二）精神要素

1. 不断研发新产品的创新精神

经过近10年的快速发展，遂昌竹炭产品链长度不断延伸，新产品研发成效显著。销售收入在500万元以上的竹炭生产企业，产品都在150多种以上；而中小规模的企业产品种类在100种以下。几家规模较大的企业拥有自主知识产权的专利技术，2004年遂昌县文照竹炭有限公司有7项专利，遂昌竹炭厂有3项专利，徐福炭业有限公司有5项专利。因为注重新产品研发，拥有自己的专利技术，这些公司的销售利润率较高，在激烈的市场竞争中处于有利地位。

2. 企业互利共赢的合作精神

遂昌竹炭产业之所以能形成良性大发展，最重要的一点在于能发挥政府和部门的桥梁作用，积极组织和引导企业采取技术互通、质量互约、争议互商等措施，打破了以往企业单打独斗闯市场的局面，走出同质化、低价竞争的恶性循环，实现了竹炭产业的有序竞争和合作共赢。

（三）制度要素

1. 诚信经营的制度

遂昌县委、县政府将竹炭产业列为当地农村经济发展主导产业之首，引导企业控制质量、健全产品质量档案，并进行质量跟踪，建立了质量示范、质量例会、不定期抽查等制度。该县积极引导和加强竹炭生产企业的质量基础工作，引导企业采用先进标准组织生产，建立一套与国际国内相适应的一体化企业管理制度，并积极有效开展质量攻关活动，完善企业产品质量检验制度。对于重点竹炭生产加工企业，则实施分类指导，建立"一企一档"和"一厂一策"卡片式动态管理，对企业的基础条件、质量水平、管理现状、技术支撑力、质量诚信、效益和发展评价等提出具体的培育和提升措施。

2. 合理规范的产业标准建设

2004年，遂昌县起草了省重点农产品《竹炭》地方标准；2006年，文照竹炭有限公司、遂昌竹炭厂等4家国内竹炭行业龙头企业作为成员单位参与制定《净化用竹炭》国家标准；2007年，主导制定《地理标志产品遂昌竹炭》国家标准；2008年，主导制定《燃料用竹炭》国家标准；2009年，重点推动竹炭企业参与《竹炭》国家标准的制定，这标志着国内竹炭制品标准体系初步形成，遂昌竹炭企业在国内的技术代表性最终确立。

2008年5月，《地理标志产品遂昌竹炭》正式发布，成功实现了遂昌竹炭标准的升格。该国家标准对遂昌竹炭质量技术要求进行了科学细化，增强了可操作性，为遂昌竹炭产品的生产经营、品质判断和质量管理提供了科学依据。

二、核心基因提取与评价

基于对材料的全面、深入分析，得出本文化元素的核心基因："不断研发新产品的创新精神""企业互利共赢的合作精神""诚信经营的制度"。

遂昌竹炭烧制技艺核心文化基因评价依据

评价项目	评价因子	评价依据（特点）	是否
生命力评价	文化基因存续的时间	自出现起延续至今，未曾明显中断	√
		自出现起延续至今，但多次衰微、中断后复兴	
		曾明显衰败，改革开放后开始复兴或历史溯源关键环节缺失，难以考证	
		文化形态主体已灭失，现存部分痕迹	
	文化基因的稳定性	在发展过程中保持相当稳定的状态	√
		在发展过程中存在明显的精神内涵、表现形式剧变	
凝聚力评价	文化基因的凝聚力及社会动员效果	曾广泛凝聚起区域群体的力量，显著推动过社会经济文化的发展	√
		曾部分凝聚起区域群体力量，对社会经济文化的发展产生过影响	
		凝聚过力量，创造过实际的发展动能，但未见对社会经济文化发展产生显著改变	
		仅在历史文献或口耳相传中存在，未见实际介入社会经济发展	

续表

评价项目	评价因子	评价依据（特点）	是否
影响力评价	辐射的范围	具有全国性、世界性的影响力	√
		具有长三角区域、浙江省影响力	
		具有市县、乡镇影响力	
	提炼的高度	已经被古代文人士大夫和当代学者提炼为精神符号和理念理论	
		单纯的样式、造型、工艺技术规范	√
发展力评价	与当代精神追求和价值观念的契合	传统文化基因得到创造性转化、创新性发展；区域革命文化基因被完整继承、广泛弘扬；区域社会主义先进文化基因成为与浙江"三个地"相适应的文化高地	
		部分转化、部分弘扬、部分发展	√
		难以转化、难以弘扬、难以发展	

说明：基因特点评价是对解码出来的基因，根据本《导则》表2的要求，围绕"四个力"逐一对表打"√"，进行定性表述

（一）生命力评价

遂昌竹炭产品从20世纪90年代中后期烧制成功并外销日本以来，到目前为止，产品大部分销往日本、韩国、马来西亚等国家和地区。遂昌县文照竹炭有限公司、徐福炭业有限公司、浙江天骄数码纸有限公司、遂昌卖炭翁生态开发有限公司等5家企业已取得自营出口权。自2002年起，以遂昌卖炭翁生态开发有限公司为代表的企业则主攻国内市场。国内市场起初以东部沿海发达城市为主，近年来开始向内陆大中城市深度拓展。竹炭企业进入大规模经营时期，企业数量和生产规模迅猛增加。企业对原始炭制品进行深度开发加工，使产品的附加值大大增加。企业开始树立品牌意识，不少产品获得了市级、省级甚至国家级各种荣誉称号，与此同时，很多企业开始投入大量人力、

物力和财力从事新产品的研发，并取得了多项专利技术，如纳米碳纤维、光触煤炭制品等新产品的问世，大大拓宽了竹炭的应用前景。部分企业开始积极开拓国内市场，如遂昌卖炭翁生态开发有限公司于 2006 年已在全国建立了 2000 多家连锁经营店。此时整个竹炭行业已有 300 多个品种，涵盖了七大系列，包括原炭系列、日用保健系列、调湿除臭系列、洗涤用品系列、工艺首饰系列、竹炭纤维系列、竹醋液系列。竹炭企业聚集项目建设已经启动，各项基础设施逐步完善，各项优惠政策逐步落实到位。

（二）凝聚力评价

政府在遂昌竹炭产业发展中起到了逐步加大政策扶持力度，加强组织领导，组建行业协会，重视对外宣传、创造良好的发展环境等方面的作用，为竹炭作为新兴竹加工产品的开发提供政策保障，确保产业化形成和持续健康快速发展。为做大、做强竹炭业，提高竹炭产品的知名度，2001 年，县政府利用中央、省、市、县各级电视台和《浙江日报》《浙江经济报》等媒体大力宣传遂昌竹炭；从 2002 年开始，组织企业参加各种展销会，争取并协办 2001 年国际竹炭竹醋液学术研讨会，企业代表还与日本竹炭客商、专家举行了日本－遂昌竹炭业洽谈会，以中日双方企业界科技、贸易方面的广泛合作为主题，进行了深入的探讨与交流；2002 年 11 月，遂昌县政府在杭州举行了"中国竹炭之乡——遂昌"竹炭产品推介会。通过这些活动，国内外各界人士对竹炭性能和竹炭产业的发展情况有了更多更深的了解，提高了遂昌竹炭的知名度，为竹炭产品继续开拓国外市场，逐步打开国内市场奠定了良好的基础，也为农民脱贫致富奔小康，吸纳、转移山区农村剩余劳动力，做出了巨大的贡献。

（三）影响力评价

遂昌竹炭产品的知名度、美誉度逐年稳步提高，入选"十大浙江科技创新产品"。遂昌成为全国最大的竹炭生产、加工和出口基地，目前已拥有"中国竹炭之乡""中国竹炭产业基地"和遂昌竹炭国家地理标志产品三大区域品牌。遂昌竹炭制品被确定为"国家五级（极品级）旅游资源单体"。以炭历史文化及国内外炭产品展示为主题，融"观、吃、住、娱、购"为一体的中国竹炭博物馆，坐落于遂昌县风景秀美的石门山下，占地面积1.55万平方米，总建筑面积9641平方米，已成为"长三角"休闲旅游的一大亮点，拉动遂昌旅游业、服务业的支撑点。

（四）发展力评价

发展竹炭业，以竹代木，既具有很好的经济效益，又具有良好的社会效益。5吨竹材能烧制出1吨竹炭，同时提取0.4吨的竹醋液，再通过深度加工成炭制品，能增值5—40倍，竹炭业是目前竹加工产业中竹材利用率和增值率最高的产业。同时，通过竹炭产品的系列开发，又解决了林农卖竹难的问题，增加了林农收入，实现可观的税收，对地方新农村建设做出了贡献。用竹炭代替木炭，还具有良好的生态效益。利用毛竹烧制竹炭，一方面，改变了过去使用阔叶林烧炭的习俗，有效地保护了天然林资源；另一方面，毛竹可再生性强，又有力地保证了竹炭业的真正可持续发展。据测算，2006年遂昌有竹林总面积2万公顷，立竹量2300万株，全县拥有的丰富竹林资源，可以为竹炭业的发展提供充足的原料。因此，遂昌发展竹炭产业，既有丰富充足的原料保证，又有很大的增值发展潜力。

三、核心基因保存

"不断研发新产品的创新精神""企业互利共赢的合作精神""诚信经营的制度"作为遂昌竹炭烧制技艺的核心基因，有《我国竹炭产业转型发展新思路》《遂昌竹炭，擎起县域经济》《竹炭产业对新农村建设贡献的实证研究》等7篇文字资料，保存于遂昌县文化基因解码调查组资料库。出版物有《浙江通志》《遂昌县志》等。

遂昌车龙

汤公遗爱 遂昌文化基因

遂昌车龙

遂昌车龙是遂昌县独具特色的民间艺术表演项目。车龙常在春节期间或庆典活动时表演，因规模较大，以沿街巡游为主，在广场或空旷地带还可以表演盘龙。春节期间的表演，要在白天向住户分发龙帖，等到晚上表演开始，收到龙帖的人家要点香烛、放鞭炮迎接，并要给龙灯队包红包。每逢有人家新婚或建新房，龙灯队要给人家敬上一对从龙灯中点燃的红烛，名为"送灯"，意为添丁送喜。

车龙起源于遂昌县大柘镇。位于浙西南山区的遂昌，素有

"九山半水半分田"之称，境内群山耸立，进山的公路像一条条巨龙盘旋在山间，连接着一个个古老而神秘的村庄，遂昌最高的山峰九龙山便以"九龙"为名。遂昌历史悠久，建县已有1800多年，而作为遂昌西部的重要集镇——大柘，更是历史悠久，文化底蕴深厚。自古以来，大柘的正月灯会闻名遐迩，素有"城隍殿的祭，大柘的灯，石练的会"之说。每年正月元宵期间，家家户户按人丁出花灯，各村有板龙、布龙、香龙和舞狮队等，规模宏大，热闹非凡。在众多的花灯龙灯中，最引人注目的便是车龙。

春节"赛龙会"的习俗始于明代，与著名的戏曲家、文学家汤显祖有关。相传，明万历二十一年（1593），汤显祖赴任遂昌知县，那时的遂昌交通不便，地少田薄，赋寡民稀，殆不成县。汤显祖在遂昌苦干五年，勤政爱民，兴教办学、劝农耕作、灭虎除害，政绩显著。昔日的僻瘠之地很快兴旺起来，汤显祖因政绩卓越而"一时醇吏声为两浙冠"。

每年春节，汤显祖便会在县城倡导民众大闹元宵花灯，他自己也有"纵囚观灯"的事迹。同时，他还在春节期间积极组织"赛龙会"，与民同乐。十里八乡都会推选出自己最好的舞龙队前来参赛，最后挑选出最具特色的九条龙齐聚县城，共同庆祝这一年的丰收，并祈求来年风调雨顺、事事如意。龙在九天，动作如舞，九条龙形式各异、多姿多彩，"九龙闹春"这种气势雄伟的场面，极大地激发了民众的热情，振奋和鼓舞了人心。

遂昌大柘舞龙便兴于此时，皆因太平盛世、风调雨顺，所以人们当时称之为"太平龙"。自那以后，人们向往那时的太平盛世，以至于每年都要舞龙，以保四方太平、五谷丰登、六畜兴旺。

这种传统一直延续到推翻清政府后，当时民众欢欣鼓舞自发掀起大规模的花灯庆祝活动，此时尹尧庵系后代尹进贤在太平龙基础上，对龙的结构和外形进行了改装。开始利用弹簧、手按机关的办法，使龙爪、龙身上装上云朵并能缓缓转动，嘴含的龙珠也不停地转动，脑门上一只三脚蟾活灵活现、一蹦一跳，两只龙眼装上机关，眼球一亮一亮的，再将铁条伸入龙身下，用一只活动小曲柄转动，整条龙舞起来既灵活又威风，且看不见人手操作，很像一条巨龙在云端上飞舞。所以当时人们把这种改装后的太平龙称为"车龙"，在每年元宵进行舞演，一直延续到了新中国成立前。随后因社会动荡、民生艰涩，车龙本身制作繁难，难以正常开展活动。

新中国成立后，大柘镇老艺人尹进贤和尹土法等人用时一年，手工打制齿轮机关，恢复了车龙。1952年，由付庭同志带队，车龙参加衢州专区民间艺术会演，获得了会演金奖。但因为当时交通条件所限，参加汇演后，人员回来了，车龙就没有运回。一场大雨让车龙损毁严重，从此50多年来没有活动。

几十年过去，老艺人过世了，车龙的技艺失传，老人们经常叨念车龙。2002年，王富和、张柘鹤、朱宗鹤、黄松贤等人根据传说中的车龙样子，重新设计制作，再度恢复了传统的大柘车龙表演，并于春节期间在城乡中表演。2004年，大柘车龙参加丽水市首届龙狮大赛，获得银奖。2005年，遂昌车龙参加了中国丽水国际摄影节——"龙腾狮舞闹莲城"活动。

2006年，遂昌县举办"2006中国·遂昌汤显祖文化国际研讨会"，相关人员在大柘车龙的基础上进行改造，把传统的板龙改成布龙的形式，将每段龙身的两侧设计成车轮的形状，每段龙身可分可合。表演时，每段龙身分别以车的形式出现，在舞台上穿梭推车表演，隐藏的车轮中间的布幔龙身拉出，各自相互连接成两条长龙，翻腾表演，吐烟喷火，令人眼前一亮。随后，遂昌车龙参加了2006中国·遂昌汤显祖文化节开幕式大型文艺演出，获得了省市专家和与会专家、学者的高度评价。

遂昌车龙是遂昌县宝贵的传统民间艺术，也是中华民族"龙"家族中别具一格的龙。2007年2月，遂昌县文化广电新闻出版局在调查研究的基础上，认真制定了遂昌车龙抢救保护开发方案，通过挖掘整理、保护开发遂昌车龙，进一步促进遂昌县民间文化艺术保护工作的开展。此后，遂昌车龙成为浙江省独一无二的车龙，一人一车（轮子）易拆易接十分方便，舞到兴致时每节龙身喷射出火花，既有传统风格，又有现代气派。遂昌车龙从此在新时代得到了新的发展，焕发生机。

如今，每年"赛龙会"的时候，"九龙闹春"气势雄伟。当晚，九条龙逐一亮相，每条龙依靠着舞龙人的摆动，展现出龙敏捷多变的身姿，时而龙头高昂，如插云端，时而龙首俯冲，似入海底。九条龙翻腾嬉戏的场面，活泼热闹，舞出了当地群众美好的愿望和强劲的生命力。

遂昌车龙有传统的板龙式车龙和创新的布龙式车龙两种。传统的板龙式车龙是遂昌民间特有的艺术表演项目，布龙式车龙是继承传统、推陈出新的产物，和板龙式车龙相比，其形态不失车龙特色，表演内容更加丰富，形式更加灵活，深受广大群众的喜爱，得到专家学者的一致好评。板龙式车龙形制较大，适合巡游表演。布龙式车龙也可巡游表演，但更适宜舞台表演。

舞龙是我国特有的民间表演艺术，是民间在春节和庆典活动中较大型的表演活动，有丰富的民俗文化内涵。而车龙作为地方民间较有特色的表演项目，春节"赛龙"的习俗经久不衰，一代又一代流传下来，成为遂昌春节年俗的一个重要组成部分。车龙在传统板龙的基础上改革创新，形式更为丰富，群众喜闻乐见。在传统板龙上增设旋转机关，有一定的工艺技术，具有重要的保护价值。而布龙式车龙又在传统车龙基础上改革创新，其形式更灵活，表演更丰富，更具艺术价值。遂昌车龙也成了遂昌县的"活化石"、金名片，生生不息，历久弥坚。

一、要素分解

（一）物质要素

复杂精妙的车龙制作设计

车龙的制作和表演都有较高的技艺要求，扎龙头、做机关、绘龙图都有一定的规制和技巧。

传统车龙选用长 2 米、宽 0.2 米、厚 0.04 米的木板，木板上安装三根拱形的篾条，在篾条上扎圆形的篾圈，制成龙身骨架，再在骨架间安装齿轮机关。然后在骨架上糊上棉纸，用熬好的羊油在棉纸上画出龙纹和云纹，并填上红绿的色彩。最后制作云片，用篾条扎成云形的框架，糊上棉纸，画上云纹。每段木排的两端凿一圆形插销孔，用以每段之间的连接。

传统板式车龙以木板和篾条制作龙头、龙尾和每段龙身，每板之间用轴销连接成整条大龙。板龙式车龙在传统板龙的基础上增加了齿轮机关，将绘在龙身上的云纹做成云片，安装在龙身上，舞龙时，转动机关，云片和龙珠一起旋转，观赏性更强。

布龙式车龙用钢丝扎成每段圆筒形龙身，中部装一根把手，两侧安装车轮形装饰，龙身内设置布幔式龙身，表演时以布幔将每段连接。龙口中和车轮间设置烟火装置。每段龙身都做成车的形状，分开时可做推车行进的表演，组合在一起后成为一条龙，可表演穿阵盘龙等程式动作。

（二）精神要素

1. "添丁送喜"的美好祝愿

车龙通常在春节期间表演，要在白天向住户分发龙帖，等到晚上表演开始，收到龙帖的人家要点香烛、放鞭炮迎接，并要给龙灯队包红包。每逢有人家新婚或建新房，龙灯队要给人家敬上一对从龙灯中点燃的红烛，名为"送灯"，意为添丁送喜。

2. 寄托风调雨顺、太平安康的美好期望

遂昌车龙舞龙是为寄托太平安康、风调雨顺的美好期望，所以也被人们称为"太平龙"。人们向往太平盛世，通过每年春节的舞龙活动，祈愿保四方太平、五谷丰登、六畜兴旺。

（三）制度要素

遂昌春节年俗的重要组成——"九龙闹春赛龙会"

每年春节，遂昌都会组织车龙"赛龙会"。十里八乡都会推选出自己最好的舞龙队前来参赛，最后挑选出最具特色的九条龙齐聚县城，共同庆祝这一年的丰收，并祈求来年风调雨顺、事事如意。龙在九天，动作如舞，九条龙形式各异、多姿多彩，"九龙闹春"这种气势雄伟的场面，极大地激发了民众的热情，振奋和鼓舞了人心。春节"赛龙"的习俗经久不衰，一代又一代流传下来，成为遂昌春节年俗的一个重要组成部分。当晚，九条龙逐一亮相，每条龙依靠着舞龙人的摆动，展现出龙敏捷多变的身姿，时而龙头高昂，如插云端，时而龙首俯冲，似入海底。九条龙翻腾嬉戏的场面，活泼热闹，舞出了当地群众美好的愿望和强劲的生命力。

（四）语言和象征符号

板龙式车龙和布龙式车龙的表演形式

常见的遂昌车龙表演形式有两种，即传统的板龙式车龙和创新的布龙式车龙。板龙式车龙是在传统板龙的基础上改造，舞龙时转动机关，云片和龙头上的龙珠旋转，犹如龙在云端穿行。布龙式车龙的龙段间隐藏布幔形龙身。龙头龙身和车轮上绘制龙

云图案。表演开始，每段龙身单独以车的形式穿阵表演，届时拉出布幔，将每段龙身连接成长龙，进行穿阵盘龙等程式表演，表演进行到高潮时，龙的口中吐出烟雾，喷出火焰，车轮旋转，撒出焰火，灯火闪耀，异常壮观。传统板龙式车龙，在春节期间和庆典活动时表演，因规模较大，以沿街巡游为主，在广场或空旷地带可表演盘龙。布龙式车龙，可巡游表演，更适宜舞台表演，有穿阵、盘龙等表演程式。

二、核心基因提取与评价

基于对材料的全面、深入分析,得出本文化元素的核心基因:"复杂精妙的车龙制作设计""遂昌春节年俗的重要组成——'九龙闹春赛龙会'""板龙式车龙和布龙式车龙的表演形式"。

遂昌车龙核心文化基因评价依据

评价项目	评价因子	评价依据(特点)	是否
生命力评价	文化基因存续的时间	自出现起延续至今,未曾明显中断	
		自出现起延续至今,但多次衰微、中断后复兴	√
		曾明显衰败,改革开放后开始复兴或历史溯源关键环节缺失,难以考证	
		文化形态主体已灭失,现存部分痕迹	
	文化基因的稳定性	在发展过程中保持相当稳定的状态	√
		在发展过程中存在明显的精神内涵、表现形式剧变	
凝聚力评价	文化基因的凝聚力及社会动员效果	曾广泛凝聚起区域群体的力量,显著推动过社会经济文化的发展	
		曾部分凝聚起区域群体力量,对社会经济文化的发展产生过影响	
		凝聚过力量,创造过实际的发展动能,但未见对社会经济文化发展产生显著改变	√
		仅在历史文献或口耳相传中存在,未见实际介入社会经济发展	

续表

评价项目	评价因子	评价依据（特点）	是否
影响力评价	辐射的范围	具有全国性、世界性的影响力	
		具有长三角区域、浙江省影响力	
		具有市县、乡镇影响力	√
	提炼的高度	已经被古代文人士大夫和当代学者提炼为精神符号和理念理论	
		单纯的样式、造型、工艺技术规范	√
发展力评价	与当代精神追求和价值观念的契合	传统文化基因得到创造性转化、创新性发展；区域革命文化基因被完整继承、广泛弘扬；区域社会主义先进文化基因成为与浙江"三个地"相适应的文化高地	
		部分转化、部分弘扬、部分发展	√
		难以转化、难以弘扬、难以发展	

说明：基因特点评价是对解码出来的基因，根据本《导则》表2的要求，围绕"四个力"逐一对表打"√"，进行定性表述

（一）生命力评价

遂昌车龙自明代兴起，绵延至今。中间曾多次出现中断甚至技艺失传的情况。但是通过当地老艺人的重塑，遂昌车龙得以重获新生，并经过传统艺人与政府的不懈努力与创新，展现出顽强的生命力，遂昌车龙得到复兴。

（二）凝聚力评价

"复杂精妙的车龙制作设计""遂昌春节年俗的重要组成——'九龙闹春赛龙会'""板龙式车龙和布龙式车龙的表演形式"作为遂昌车龙的核心文化基因，很好地凝聚起当地人民群众的力量。作为遂昌春节传统年俗的重要组成部分，每年春节十里八乡都会推选出自己最好的舞龙队前来参赛，最后挑

选出最具特色的九条龙齐聚县城来进行"九龙闹春"赛龙会，十分热闹和喜庆。在此过程中，人们增进了交流，沟通了感情，有助于邻里和谐，增强凝聚力。

（三）影响力评价

"复杂精妙的车龙制作设计""遂昌春节年俗的重要组成——'九龙闹春赛龙会'""板龙式车龙和布龙式车龙的表演形式"作为遂昌车龙的核心文化基因，在遂昌有很久远的文化历史和丰富的民俗文化内涵。车龙是地方民间较有特色的表演项目，且布龙式车龙在传统车龙基础上进行了改革创新，其形式更灵活，表演更丰富，更具艺术价值，在遂昌民间有广泛的群众基础和深远的影响力。

（四）发展力评价

"复杂精妙的车龙制作设计""遂昌春节年俗的重要组成——'九龙闹春赛龙会'""板龙式车龙和布龙式车龙的表演形式"作为遂昌车龙的核心文化基因，在遂昌民间有广泛的群众基础和影响力，是遂昌民间春节年俗的重要组成部分，遂昌车龙在民间艺人和政府的不懈努力保护下得到了创新、传承与发展。但是，如今老艺人都年事已高，在市场经济条件下，学习传统技艺的年轻人越来越少，后继乏人。另外，舞龙有一整套习俗和规矩，表演时有各种动作和技巧，需要一定时间的学习和训练。在农村，参加的人员流动性较大，组织活动有较大的难度，对技艺的发展传承影响较大。

三、核心基因保存

"复杂精妙的车龙制作设计""遂昌春节年俗的重要组成——'九龙闹春赛龙会'""板龙式车龙和布龙式车龙的表演形式"作为遂昌车龙的核心文化基因,文字资料有《遂昌大柘车龙的历史及文化价值研究》等3项,保存于遂昌文化基因解码调查组资料库;图片资料有24张,保存于遂昌文化基因解码调查组资料库。

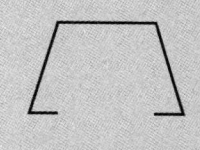

遂昌风炉

汤公遗爱　遂昌文化基因

遂昌风炉

"无风炉，不遂昌"，是遂昌民间一直流传的一句俗语。在遂昌的风味江湖里，一直流传着风炉的故事。关于家，关于情谊，关于传承。

风炉，最开始起源于唐朝，原是唐代一种专用于煮茶的炉子，形如古鼎，有三足两耳。炉内有厅，可放置炭火，炉身下腹有三孔窗孔，用于通风，上有三个支架（格），用来承接煎茶的器皿，炉底有一个洞口，用以通风出灰，其下有一只铁质的托盘用于承接炭灰。第一个被称为风炉的器物，或是唐代陆羽亲手做的。陆羽在其《茶经》中这样说道："风炉，以铜铁铸之，如古鼎形。"又说："其炉，或锻铁为之，或运泥为之。"

而到了遂昌，风炉成了当地特有的煮菜烹饪器皿，类似火锅。但不像川渝火锅一般随烫随吃，而是要将事先炒制好的食材汇于一锅，在盛放着木炭的风炉内用小火慢煨，食物在慢煨的过程中保留了菜肴原有的锅气，相互融合间再品出遂昌小城的地道风味，入口咸鲜，暖胃亦暖心。

久而久之，"风炉"成了遂昌传统火锅的代名词，是遂昌农家延续百年的烧制土法，也是一代又一代人的温暖回忆。遂昌人用一个风炉呈现了对于吃的态度，即使是在炎热的三伏天，风炉也要上桌。在寻常人家厨房，火锅风炉更是各家巧妇的拿手菜色。当炭火燃起，熟悉的声响唤起每个遂昌人的记忆，红彤彤的炭火毕毕剥剥地响，锅里的香味随着汤底扑哧扑哧地沸腾起来，带着香味直逼嗅觉，让人打开味蕾。一家人围炉而坐，分享美食，再来一口自家酿的米酒，真是其乐融融，好不惬意。

风炉的传承与发展，造就了如今知名的遂昌"风炉宴"。遂昌风炉宴与众不同，风味别具一格。风炉宴讲究食材搭配，荤与素、腊味与时令的结合孕育出了"1+1＞2"的"完美搭档"的味觉效果，滋味张扬、率性刺激。

风炉宴中的绝对主角是"三层楼"，也是早年的杀猪菜。遂昌乡村过年时讲究热闹场面和年节仪式，"杀年猪"的年节氛围造就了风炉宴里的主角——"三层楼"，五花肉、猪血慢煨萝卜、豆腐盛锅，撑起了整席风炉宴的老底子味道。用猪肉汤煨透的萝卜垫底，铺上金黄的盐卤煎豆腐和大块的新鲜猪血，最上面就是提前炒好的红烧肉。叠好后慢慢用炭火温着，萝卜、豆腐、猪血、肉各自独有的味道在锅中交融，小火慢煨之下味道越来越醇正。

风炉宴上，除了主菜"三层楼"，还有各种配角风炉，同样令食客疯狂。

雪菜冬笋排骨锅，是冬日里遂昌大小餐馆必上的烟火至味。遂昌的冬笋，素有"金衣白玉，蔬中一绝"的美誉，是自然赠予的时令山珍。新鲜的冬笋切片后散发出诱人的清香,辅以排骨的鲜香和腌菜的咸香,三香交融,十分诱人。汤滚盛出,放至风炉之上,炭火的烘烤将雪菜的酸味融入汤水之中,酸辣爽口,可谓是下饭神器了。

鱼头锅是遂昌风炉中的一道江湖菜。从爱鱼肉到喜鱼头是遂昌几代人悟到的精髓,遂昌乌溪江畔焦滩乡的鱼头火锅名扬天下,焦滩鱼头街上鱼头馆遍地都有。风炉里,老豆腐、嫩黄瓜、薄荷叶,都伴着鲢鱼头在锅里煮着,食材精华渗进汤汁,热气从锅里散出。细腻的鱼头肉在炖煮前已被炸至金黄,轻咬一口,外酥里嫩,再舀上一小碗浓浓的鲜汤,那滋味真是一绝。

落汤青是风炉宴中的经典。在遂昌方言里,"落汤青"指的就是大仙菜,因炒熟后青碧如玉,所以得名。其做法简单,只需将焯过水的咸肉下油炒热,加入落汤青、泡豆腐、冬笋一起翻炒、煮熟,再放置风炉之上。落汤青口感微苦、带些甘甜,以炭火小火慢滚过,苦味褪去,只剩下清脆与甘甜。

遂昌高山黄牛肉萝卜丝锅是出了名的下饭菜。主材选取的是上等黄牛肉和长在山上晒过日光浴、水分甜头十足的萝卜,烧法采用地道土家特色,汤底根据吃辣程度不同调配辣椒的量,吃到最后劲道十足,入味到每一根萝卜丝都能吃出牛肉味。

筒子骨炖猪肚锅也非常具有代表性。一个木炭炉子,里头的火烧得正旺,一口小铁锅架在炉上。奶白色的浓汤把猪肚炖得软嫩无比,而汤汁则伴着腊肉的咸鲜和葱蒜的香味。伴着白色的热气,大家围炉而坐,在热腾腾的锅中任意"打捞"自己喜欢的美味。随着一碗热汤下肚,每个食客都暖得面色红润。再配上一壶红曲酒,自然、淳朴、清净的山野气息十足。

新鲜够味的风炉宴透露着山里人的质朴,而山里人好客与否可以从锅的数量来体现,风炉锅越多代表客人越尊贵。八仙桌一字排开,红彤彤的炭火毕毕剥剥地响,一场丰盛的风炉

· 211 ·

宴，足以慰藉家人，感谢乡邻。

　　风炉宴上的味蕾密码，源于江河山野，流于市井街巷。荤与素，腊味与时令，跨越春冬的食材经过一双双巧手和细密的心思，点亮日常，众人围炉而坐温暖彼此。风炉之"丰"，代表了遂昌美食的丰富，有生态健康的养生美食，有独具特色的"五行美食"，还有别具匠心的创意菜肴。风炉之"炉"，红色的炉火象征着遂昌人的热情和淳朴。人间烟火味，最抚平常心。

一、要素分解

（一）物质要素
青山绿水的环境基础孕育出独特的风味食材

好的食物往往是有"根"的。对于遂昌人而言，遂昌美食的基础来源于小城的青山绿水。有"华东生物基因库"之称的九龙山，"浙南庐山"白马山，有万亩杜鹃的高坪乡，"江南小九寨"千佛山，"江南第一金矿"遂昌国家矿山公园，如"仙境画卷"的南尖岩，"华东第一飞瀑"神龙谷……看得见山，望得见水，才能孕育出最优质的食材。

遂昌处在浙江的西南部，群山围绕，作为钱塘江、瓯江的发源地，青山绿水酝酿出众多原生态食材，因此，遂昌菜对于食材的要求颇高。无论是上过《舌尖上的中国》的遂昌冬笋，还是仙侠湖里的遂昌有机胖头鱼，都没有繁复的做法，也不用过多的调料，所谓"天生丽质难自弃"。

（二）精神要素
1. 象征着遂昌人的热情与淳朴

一桌丰盛的风炉宴展现了遂昌人的热情好客。新鲜够味的风炉宴透露着山里人的质朴，而山里人待客规格的高低也在于一桌菜有几只风炉，风炉锅越多代表客人越尊贵。八仙桌一字排开，一场丰盛的风炉宴，足以慰藉家人，感谢乡邻。红色的炉火象征着遂昌人的热情和淳朴。

2.**阖家团圆、温暖幸福的美好情怀**

"风炉"是遂昌传统火锅的代名词，也是一代又一代遂昌人的温暖回忆。当炭火燃起，熟悉的声响唤起每个遂昌人的记忆，锅里的香味随着汤底扑哧扑哧地沸腾起来，带着香味直逼嗅觉打开味蕾。一家人围炉而坐，再来一口自家酿的米酒，其乐融融，体现着温暖幸福、阖家团圆的美好氛围。

（三）制度要素

讲究食材搭配融合，打造"1+1＞2"的完美风味

风炉宴讲究食材搭配，荤与素、腊味与时令的结合孕育出了"1+1＞2"的味觉效果，滋味张扬、率性刺激。它将事先炒制好的食材汇于一锅，在盛放着木炭的风炉内小火慢煨，食物在慢煨的过程中保留了菜肴原有的锅气，相互融合间能品出遂昌小城的地道风味，入口咸鲜，暖胃亦暖心。

（四）语言和象征符号

"三层楼"锅等代表性的风炉佳肴

杀猪菜"三层楼"锅是风炉宴中的主角。除此之外，还有雪菜冬笋排骨锅、鱼头锅、落汤青、黄牛肉萝卜丝锅、筒子骨炖猪肚锅等具有代表性的经典风炉锅，各具特色。

二、核心基因提取与评价

基于对材料的全面、深入分析,得出本文化元素的核心基因:"青山绿水的环境基础孕育出独特的风味食材""阖家团圆、温暖幸福的美好情怀""讲究食材搭配融合,打造'1+1＞2'的完美风味"。

遂昌风炉核心文化基因评价依据

评价项目	评价因子	评价依据（特点）	是否
生命力评价	文化基因存续的时间	自出现起延续至今,未曾明显中断	√
		自出现起延续至今,但多次衰微、中断后复兴	
		曾明显衰败,改革开放后开始复兴或历史溯源关键环节缺失,难以考证	
		文化形态主体已灭失,现存部分痕迹	
	文化基因的稳定性	在发展过程中保持相当稳定的状态	√
		在发展过程中存在明显的精神内涵、表现形式剧变	
凝聚力评价	文化基因的凝聚力及社会动员效果	曾广泛凝聚起区域群体的力量,显著推动过社会经济文化的发展	√
		曾部分凝聚起区域群体力量,对社会经济文化的发展产生过影响	
		凝聚过力量,创造过实际的发展动能,但未见对社会经济文化发展产生显著改变	
		仅在历史文献或口耳相传中存在,未见实际介入社会经济发展	

续表

评价项目	评价因子	评价依据（特点）	是否
影响力评价	辐射的范围	具有全国性、世界性的影响力	√
		具有长三角区域、浙江省影响力	
		具有市县、乡镇影响力	
	提炼的高度	已经被古代文人士大夫和当代学者提炼为精神符号和理念理论	√
		单纯的样式、造型、工艺技术规范	
发展力评价	与当代精神追求和价值观念的契合	传统文化基因得到创造性转化、创新性发展；区域革命文化基因被完整继承、广泛弘扬；区域社会主义先进文化基因成为与浙江"三个地"相适应的文化高地	√
		部分转化、部分弘扬、部分发展	
		难以转化、难以弘扬、难以发展	

说明：基因特点评价是对解码出来的基因，根据本《导则》表2的要求，围绕"四个力"逐一对表打"√"，进行定性表述

（一）生命力评价

"青山绿水的环境基础孕育出独特的风味食材""阖家团圆、温暖幸福的美好情怀""讲究食材搭配融合，打造'1+1＞2'的完美风味"作为遂昌风炉的核心文化基因，陪伴着一代又一代的遂昌人在遂昌这片土地上成长、生活。遂昌人离不开遂昌风炉带来的乡情，它已经深深注入遂昌人的血液里，具有很强的生命力。

（二）凝聚力评价

"青山绿水的环境基础孕育出独特的风味食材""阖家团圆、温暖幸福的美好情怀""讲究食材搭配融合，打造'1+1＞2'的完美风味"作为遂昌风炉的核心文化基因，很好地凝聚起了

当地百姓。风炉作为火锅的一种，自然而然成为聚集亲朋好友、迎接款待客人的烹调方式，大家围炉而坐，推心置腹，温暖彼此，其乐融融。同时，遂昌风炉作为当地特色饮食文化，也吸引了不少外地食客慕名而来，推动了当地旅游业、餐饮业的发展。

（三）影响力评价

"青山绿水的环境基础孕育出独特的风味食材""阖家团圆、温暖幸福的美好情怀""讲究食材搭配融合，打造'1+1＞2'的完美风味"作为遂昌风炉的核心文化基因，具有很强的影响力。其影响力不仅仅在遂昌当地，也辐射于全国范围。其独具特色的食材搭配、地方风味，影响着一代又一代遂昌人对家乡的美好记忆，也吸引着全国人民前来品味。

（四）发展力评价

近年来，遂昌县大力实施"诗画浙江·百县千碗"重点工程，深入挖掘地方美食特色文化，聚力打造"遂昌风炉宴"美食IP，充分挖掘"游以食为先"的旅游消费动力，丰富文化内涵，打造特色餐饮体验。坚持以文化为魂，鼓励餐饮主体与文化民俗相融合，将"汤显祖文化""茶艺昆曲"的创新演绎和"团圆""长情"的美食情怀融入经营理念中。致力于打造"诗画浙江·百县千碗"风炉宴美食"金名片"。

三、核心基因保存

"青山绿水的环境基础孕育出独特的风味食材""阖家团圆、温暖幸福的美好情怀""讲究食材搭配融合,打造'1+1>2'的完美风味"作为遂昌风炉的核心基因,文字资料有《遂昌风炉介绍》等1项,保存于遂昌文化基因解码调查组资料库;视频资料有《遂昌风炉宣传片》等1项,保存于遂昌文化基因解码调查组资料库;图片资料有《风炉宴》《三层楼锅》等20张,保存于遂昌文化基因解码调查组资料库。

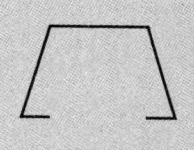

竹编画

汤公遗爱 遂昌文化基因

竹编画

竹编艺术是我国传统的民间手工艺术。它以竹子为原料，制成各种类型的工艺品，其独特的构思、精美的造型、精湛的工艺，堪称一绝。其中，竹编画艺术，是遂昌民间十分有名的传统工艺。

竹编是用山上毛竹剖劈成篾片或篾丝并编织成各种用具和工艺品的一种手工艺。传统竹编工艺有着悠久的历史，富含着中华民族劳动人民辛勤劳作的结晶。工艺竹编不仅具有很大的实用价值，而且具有深厚的历史底蕴。

竹编的源起可以追溯到新石器时代。早在六七千年以前，我们的祖先就能用竹子来编织器具。据考古资料证明，人类开始定居生活后，便从事简单的农业和畜牧业生产，所获的米粟和猎取的食物稍有剩余，就存放起来，以备不时之需。这时候便就地取材，使用石斧、石刀等工具砍来植物的枝条编成篮、筐等器皿。在实践中，人们发现竹子开裂性强，富有弹性和韧性，能编易织，坚固耐用。于是，竹子便成了编制器皿的主要材料。

在西安半坡遗址出土的陶器底部，发现过印有席子的花纹。在浙江湖州钱山漾遗址中也出土了大量的竹编，有篓、篮、簸箕、谷箩、竹席，以及渔业、养蚕和农业的各种用具。竹编大都用刮光过的篾条，编出人字纹、梅花眼、菱形格、十字纹等各种花纹。为了使竹器经久耐用，器物的体部用扁篾，边缘部分用"辫子口"。由此可见，远古人类已在竹编实践中摸索出了实用和美观相结合的制作原理，从而使竹编器具具有了审美价值。

在殷商时代，竹藤的编织纹样丰富起来。在陶的印纹上出现了方格纹、米字纹、回纹、波纹等纹饰。到了春秋战国时代，竹的使用范围逐步扩大，竹子的编织工艺得到发展，竹编图案的装饰性越来越强，编织技法也日见精湛。

到了战国秦汉时期，我国古代的编织工艺已经达到很高的水平。秦汉时期的竹编沿袭了楚国的编织技艺。西安出土的"秦陵铜马车"底部铸有方格纹，据专家分析，这方格纹就是根据当时竹编席子编织的方格纹翻铸的。

此外，竹编也被能工巧匠们制成小孩的玩具。灯节活动自唐代以来就在民间流传，至宋代已经十分流行。一些达官贵人往往会请制灯艺人创制精致的花灯。其中一种就是以竹篾扎骨，在外围糊上丝绸或彩纸。有的还用竹丝编织作为装饰。

遂昌竹编在唐末问世，元宵花灯、龙灯和走马灯之类的竹编工艺灯，在宋代已闻名四方。明代初期，从事竹编的艺人不断增加，走街串巷上门加工。竹席、竹篮、竹箱都是相当讲究的竹编工艺品。

明清时期，竹编技艺发展迅速，竹编工艺品的艺术性与实用性进一步紧密结合，竹编制品精美细巧，其中最具代表性的是作为嫁妆的竹编器具，如装衣物的箱子、鞋盒、帽盒、绣筐、食箩、果盒、火笼等，图纹编制精致，色彩朴素强烈，多饰以喜庆吉祥的纹样。

遂昌地处山区，竹资源丰富，民间许多家具、器皿都用竹制作。尤其是姑娘结婚时的嫁妆，如箱笼、食箩、果盒等，都要请手艺好的篾匠制作。如今，人们大量使用塑料制品，竹制用具逐渐退出现实生活，乡间的篾匠也越来越少，一些精美的竹篾制品也成为古董爱好者的收藏品，民间传统的竹编技艺几近失传。来自遂昌妙高镇的周予同挽救了几近失传的竹编技艺，创造了竹编工艺画，开辟了竹编艺术新的发展空间。

周予同自幼看父亲做篾，打炭篓，与竹篾结下了不解之缘。自小从师学习篾匠手艺，经过30余年的刻苦钻研，周予同把传统的竹编工艺和中国书画结合，创造了竹编工艺画，被称为予同竹编画。周予同也成了国际民间工艺美术大师、"遂昌竹编画"非遗传承人。

周予同的竹编画出自传统的竹编工艺，从平面竹编器具上的吉祥图案的编织技法中演变而来。予同竹编画改变了传统的竹丝斜编方法，创造了"雨点式"平面直编法。他将竹子经过锯截、劈条、开片、刮篾、开丝等工序，加工成宽0.5毫米、厚0.04毫米均匀的透明精细的竹丝，按制作要求用草药染色，再将经纬丝交错，采取提花编织原理和多种不同的捞、压、挑等编织绝技，再现古代名家书画作品。由于这种编织技法无规律可循，艺人编织时，根据山水景物等画面的需要选择手法，通过虚实和明暗的变化，与名家书画奇妙结合，既要体现中国书画艺术的神韵，又要保持传统竹编艺术的风格。这种用竹丝编织出的别具一格的竹编画，开创了竹编艺术的先河。

予同竹编画画面清秀淡雅，神形酷肖，栩栩如生，立体感强。其精细效果和艺术神韵完全可与丝绸、刺绣相媲美。它以难度极大的编织技巧、精美绝伦的艺术效果著称于世。其代表作有《东篱赏菊图》《人马图》《花鸟图》《秋风雨竹图》《草堂话旧图》等。

其中，《草堂话旧图》获2004年第五届杭州西湖博览会金奖。这幅35厘米×70厘米的图要用3000余根

0.5毫米×0.04毫米薄的竹丝，耗时8个月才能完成，其难度之大，技艺之精，堪称一绝。

2006年，在福建武夷山举办的第五届中国竹文化节中国竹业博览会上，予同竹编画系列作品获金奖。2007年，予同竹编画被公布为遂昌县第二批非物质文化遗产保护名录项目。

遂昌竹编画工艺具有浓厚的地方文化特色，是发展竹文化产业的精品项目，被旅游部门普遍看好，具有较高的开发利用价值。但目前，周予同的竹编工艺在遂昌还是"独一份"。他希望用竹编画打造遂昌旅游文化产品，使遂昌真正成为中国民间竹编艺术之乡。

一、要素分解

（一）物质要素

1. 丰富的竹资源

遂昌竹资源丰富，"小忠冬笋"在明清时期一度成为朝廷贡品，素有"小忠贡笋"之美誉。大量的竹资源为竹制品制作提供了充足的原料，遂昌民间的竹制品品种丰富且工艺考究，尤其是遂昌的竹编菜篮，编制精美、实用价值高，从古至今一直在民间广为应用，不仅深受遂昌老百姓的喜爱，也吸引了全国各地的游客前来购买。

2. 深厚的竹文化底蕴

遂昌拥有深厚的竹文化底蕴，竹子不仅用于编器具，还可以用来编画。遂昌竹编艺人经过锯截、劈条、开片、刮篾、开丝、匀刀等工序，将竹子加工成薄丝，再按编织图案的画面要求，创作出一幅幅精美绝伦的画作。这些竹编画清秀淡雅，神形酷肖，其神韵完全可与织锦、刺绣相媲美。

遂昌当地小学因地制宜，结合当地人文历史和民情风俗，以相关的竹文化知识为教学核心，通过植竹、赏竹、咏竹、画竹、摄竹、刻竹、编竹等拓展课程及活动实践，弘扬传统文化，传播深厚的竹文化底蕴。

(二)精神要素

1. 潜心钻研的奋斗精神

竹编艺术是我国传统的民间手工艺术。它以竹子为原料,制成各种类型的工艺品,其独特的构思、精美的造型、精湛的工艺,堪称一绝。在遂昌,有一位竹编艺人叫周予同,他潜心钻研传统竹编工艺30多年,突破传统"蛇皮花"编织,创造"雨点式"编织法,他将竹丝按制作要求用草药染色,经纬丝交错,采取提花编织原理和多种不同的捞、压、挑等编织绝技,再现古代名家书画作品,尤其适合体现中国山水画的神韵,开创了竹编艺术的先河。

2. 勇于创新的工匠精神

竹编画画面清秀淡雅,神形酷肖,栩栩如生,立体感强。其精细效果和艺术神韵完全可与丝绸、刺绣相媲美。它以难度极大的编织技巧、精美绝伦的艺术效果著称于世。这种编织技法无规律可循,艺人在编织时,根据山水景物等画面的需要选择手法,通过虚实和明暗的变化,与名家书画巧妙结合,既能准确而传神地体现山水画的特性和意境,又保持了传统竹编艺术的风格。遂昌竹编制品种类较多,有实用品,也有观赏品。现在仍有可

见的竹编器具嫁妆，如装衣物用的箱笼、装鞋子帽子的专用盒子、针线筐、食品盒等。这些嫁妆物品的图纹以表现喜庆吉祥为主，编制精致，色彩鲜明。近年来，艺人周予同经过不懈努力，将传统的竹编技艺进行创新，发展演变为极具观赏性的工艺美术品。

（三）制度要素
精细严密的工序

遂昌竹编画出自传统的竹编工艺，从平面的竹编器具凉席、屏风、门帘、扇子等吉祥图案的编织技法中演变而来。竹编画工序繁杂严密，将竹子经过锯截、劈条、开片、刮篾、开丝、匀刀等工序，加工成宽0.5毫米、厚0.04毫米的均匀的薄丝，按画面要求研制草药进行自然着色，再将经纬丝平面直编交叉，采取提花编织原理和多种不同的捞、压、挑等编织技法，再现古代名家书画作品，充分体现中国山水画的神韵。

（四）语言和象征符号
竹文化

遂昌应村乡拥有竹林48000多亩，为遂昌之最，是名副其实的竹乡。应村小学植根于竹乡的文化土壤，创建竹文化特色学校，有着良好的竹文化基础。应村小学秉承"竹育人生，节节向上"的校训，用竹文化的魅力精心打造着学校的每一个角落。学校还开设了竹工艺品拓展课程，墨竹画、竹刻、竹十字绣等特色课程，让竹文化进课堂，并使竹文化真正深入学生的内心世界，营造浓郁的校园竹文化氛围。大力推行竹文化，既是对学生的思想品德教育，是提升学生人格境界的有效途径，也是学校继承和弘扬中华优秀传统文化的实践举措。

二、核心基因提取与评价

基于对材料的全面、深入分析,得出本文化元素的核心基因:"丰富的竹资源""勇于创新的工匠精神""精细严密的工序""竹文化"。

竹编画核心文化基因评价依据

评价项目	评价因子	评价依据(特点)	是否
生命力评价	文化基因存续的时间	自出现起延续至今,未曾明显中断	
		自出现起延续至今,但多次衰微、中断后复兴	√
		曾明显衰败,改革开放后开始复兴或历史溯源关键环节缺失,难以考证	
		文化形态主体已灭失,现存部分痕迹	
	文化基因的稳定性	在发展过程中保持相当稳定的状态	√
		在发展过程中存在明显的精神内涵、表现形式剧变	
凝聚力评价	文化基因的凝聚力及社会动员效果	曾广泛凝聚起区域群体的力量,显著推动过社会经济文化的发展	
		曾部分凝聚起区域群体力量,对社会经济文化的发展产生过影响	
		凝聚过力量,创造过实际的发展动能,但未见对社会经济文化发展产生显著改变	√
		仅在历史文献或口耳相传中存在,未见实际介入社会经济发展	

续表

评价项目	评价因子	评价依据（特点）	是否
影响力评价	辐射的范围	具有全国性、世界性的影响力	
		具有长三角区域、浙江省影响力	
		具有市县、乡镇影响力	√
	提炼的高度	已经被古代文人士大夫和当代学者提炼为精神符号和理念理论	
		单纯的样式、造型、工艺技术规范	√
发展力评价	与当代精神追求和价值观念的契合	传统文化基因得到创造性转化、创新性发展；区域革命文化基因被完整继承、广泛弘扬；区域社会主义先进文化基因成为与浙江"三个地"相适应的文化高地	
		部分转化、部分弘扬、部分发展	√
		难以转化、难以弘扬、难以发展	

说明：基因特点评价是对解码出来的基因，根据本《导则》表2的要求，围绕"四个力"逐一对表打"√"，进行定性表述

（一）生命力评价

"丰富的竹资源""勇于创新的工匠精神""精细严密的工序""竹文化"作为竹编画发展的核心文化基因，历史文化悠久。虽然现代塑料制品的出现，使竹篾用具逐渐退出现实生活，乡间的篾匠也越来越少，一些精美的竹篾制品也成为古董爱好者的收藏品，民间传统的竹编技艺几近失传，但是，在遂

· 229 ·

昌传统艺人周予同的努力下，创造了予同竹编画，开创了竹编艺术的先河，使竹编画重新焕发生命力。

（二）凝聚力评价

"丰富的竹资源""勇于创新的工匠精神""精细严密的工序""竹文化"作为竹编画的核心文化基因，让竹编画成为独具魅力的民间工艺，在社会上引起较大的关注，吸引了一部分当地人参与这项工艺的学习体验与传承，但仍然不具备大范围的凝聚力。

（三）影响力评价

"丰富的竹资源""勇于创新的工匠精神""精细严密的工序""竹文化"作为竹编画的核心文化基因，在遂昌民间有一定的影响力，在全国竹编手工艺领域也有较大的影响力。

（四）发展力评价

竹编画作为遂昌民间的传统工艺，有着浓厚的地方文化特色，是发展竹文化产业的精品项目，被旅游部门普遍看好，具有较高的开发利用价值。但目前，周予同的竹编画工艺在遂昌还是"独一份"。用竹编画打造遂昌旅游文化产品，使遂昌真正成为中国民间竹编艺术之乡，还需要不断的努力。竹编画的核心文化基因还需要人们不断探索研究，开发创造其新的发展价值。

三、核心基因保存

"丰富的竹资源""勇于创新的工匠精神""精细严密的工序""竹文化"作为竹编画的核心基因,图片资料有《草堂话旧图》《寒林骑驴图》等32张,保存在遂昌文化基因解码调查组资料库。

好川文化

汤公遗爱　遂昌文化基因

好川文化

好川遗址位于遂昌县三仁畲族自治乡好川村岭头岗，属山间低谷丘陵地貌，相对高度为 31 米。1997 年 4 月，好川村将岭头岗茶园辟为水田时发现该遗址。当时遗址上层已遭推土机破坏，表土层已不复存在，浙江省文物考古研究所组织考古队进行了抢救性发掘，历时两个多月，共揭露面积 4000 余平方米，清理出墓葬 80 座，灰坑 3 个，出土石器、玉器、陶器等随葬品 1028 件（组）。1998 年，好川遗址入选 1997 年全国十大考古新发现提名。

为了进一步探索研究好川遗址的内涵特征、分布范围、社会经济形态、社会组织结构，好川先民生活、生产条件，以及制作陶器的作坊、窑址等，2004年，省考古所对好川遗址周边进行了历时半年的考古调查勘探。是年5月，在原遗址的东北坡发现小型墓葬20座，清理出土随葬品60件，墓葬与1997年发掘的墓葬形制相同，墓向一致，随葬器物形态雷同，但出土的器物器形小，制作粗糙，无一玉器发现。

好川遗址是浙西南地区首次发现的大规模的新石器时代晚期聚落遗址，它的发现填补了浙西南新石器时代考古的空白，是考古发掘的重大突破，同时也为良渚文化的去向、马桥文化的渊源、相邻考古学文化的关系等一些重大学术问题研究提供了有益探索。2000年，好川遗址发掘报告《好川墓地》正式出版，将好川遗址延续时间绝对年代初步确定为距今约4300—3700年，前后长达600年左右。

2005年，好川遗址被公布为浙江省省级文物保护单位。2013年，好川遗址被公布为全国重点文物保护单位。

一、要素分解

（一）物质要素

1. 土壤肥沃、水系发达的自然环境

仙霞岭贯穿遂昌县全境，绵延数百千米，其东北延伸接大盘山、天台山，西南接武夷山，境内山势陡峭，地形险要，是瓯江水系松阴溪、钱塘江水系乌溪江、鄱阳湖水系信江、闽江支流建溪的分水岭和发源地。遂昌地势总体呈西南高、东北低的走势，境内700多座海拔1000米以上的山峰大部分分布在西南部，山间谷地较少，东北部地势相对低，地形以低山、丘陵和山间小盆地为主，河谷较为开阔。境内气候属亚热带季风气候类型，四季分明，年平均降雨量1500毫米左右。区域内植被茂密，生物多样性突出。

2. 具有显著特征的出土陶器

泥质陶占陶器总数的93%。泥质陶又可细分为泥质灰陶、泥质灰胎黑皮陶两类。泥质灰陶占绝大多数，是好川墓地的一个显著的文化特征。胎泥粉砂含量高、黏性差，胎壁表面多有剥落，仔细观察可发现，部分泥质灰陶外表原有黑皮。泥质灰胎黑皮陶亦占一定的数量。

部分陶器出土时黑皮乌黑光亮，稍久则龟裂无光泽。黑皮陶器上常施朱红彩。在相同或相似的埋藏环境下，黑皮陶器的

黑皮保存区别很大，当与陶器的胎泥、成型及烧制火候等制作工艺有关。泥质陶器中数量最多的器形是陶豆，数量超过其他陶器数量的总和，占出土陶器总数的57%。出土陶豆器形丰富，形制演变轨迹清晰，发展序列明确。形体高大，豆盘很浅，豆盘下有发达的垂棱等是好川文化陶豆最显著的造型特征，也是好川文化陶豆极具自身特点的装饰风格，它们构成好川文化的一个鲜明的文化特征。部分陶豆的口垂棱、圈足部位还有朱红彩装饰，这反映了这些陶豆中的相当一部分可能是有着特殊用途的陶礼器。此外还有三足盘、罐、三喙罐、杯、钵、尊、簋、圈足盘、壶、纺轮等。个别陶豆，按其胎质硬度看，可归入硬陶类。

（二）制度要素

1. 卓越的制陶工艺

好川文化时期，制陶工艺发展，出现了复杂多变的陶豆造型。从好川墓地出土的陶器来分析研究，一些陶豆表面有明显的轮制修痕，肌理痕迹纤细密集且均匀。

标本M70：8F形豆，豆高20.5厘米，豆盘敞口深腹，垂棱外撇，豆把成喇叭状，有圆形和三角形镂孔，整体造型精致美观。豆盘与豆把形状圆润饱满、均匀，应是采用轮制完成，两者结合处有接痕。豆把上的镂孔，可能是出于使高大的豆把在烧制过程中受热均匀的考虑。标本M9：2陶鬶，高26.25厘米，口沿侧被捏成嘴，后部是注入口，三袋足结合部有明显的拼接痕迹，后侧袋足上部粘接环形把手。由此可以推断出好川文化时期陶器的制作方法有两种：一种是轮制后拼接；一种为手制成形后拼接。轮制法主要的功能是对手制陶胎加以整修，压坯成形，此法速度快且规整，使陶胎厚薄均匀。手制成形后拼接能够使陶器造型多变，显得更加精巧玲珑。

2. 兼顾实用和审美的器具特质

好川墓地出土陶豆体现了"实用"与"审美"的统一。如有出土陶豆为泥质浅灰陶，敞口折腹盘，盘下有夸张垂棱，喇叭形把，把饰圆形镂孔。整体造型修长美观，曲线流畅，更具有挺拔悦目的视觉效果，喇叭形豆把同时也提高了陶豆的稳定性。

有些陶豆的豆盘与豆把接合部有较明显的黏合痕迹，由此分析，好川墓地陶豆是豆盘和豆把分开制作，修坯成形后再黏合烧制而成。这一分体制作的工艺为复杂多变的陶豆造型提供了制作工艺的保障，使好川先民有条件能制作出饰有夸张垂棱、令人耳目一新的陶豆。好川墓地陶豆的豆盘一般饰有垂棱并在豆把装饰圆形或圆形、三角形组合镂孔及精细的刻纹，显示出好川文化制陶工艺的高超技术和独特的审美。

3. 崇尚黑色的审美趋向

好川文化陶豆以泥质灰陶为主，这是好川墓地出土陶豆的一大特点，这可能是好川先民为适应仙霞岭的环境而形成的生产方式。另外一部分陶豆表面保存有乌黑发亮的黑皮，由于土壤环境的关系，这类富于幽玄神秘感的黑衣陶豆在出土时并不多见，可能实际数量比现在发现的要多。据推测，好川先民的烧陶工艺可能采用的是一种烟熏渗碳法，其原理是利用植物的枝叶等作为材料烧制，在烧到一定的时间后用水浇灭，烟熏后陶豆呈现出乌黑的外观效果，幽玄、凝重、坚硬、冷穆，充满神秘气息。

从好川墓地出土的陶豆标本分析，黑衣陶豆的陶衣很容易剥落，为此，好川先民制作黑衣陶豆可能不是出于日常使用的需要，这些陶豆可能是用以祭祀和殉葬的陶礼器。同时，好川墓地出土的部分陶豆镂孔周围和豆盘内发现涂有朱彩的痕迹，而此装饰手法和《韩非子·十过》记载的"禹作为祭器，墨染其外而朱画其内"的夏朝祭祀礼器制法也相吻合。好川先民这种崇尚黑色的思想可能和他们对自然现象、客观物象的认识和理解有关。黑色自身所蕴含的深奥、沉默、神秘、死亡等抽象联想，也容易使之成为原始宗教活动的一种符号。

（三）语言和象征符号

1. 丰富的器具纹饰

好川墓地陶豆呈现出以夸张的垂棱和圆形、三角形镂孔或两者组合作为装饰的主要特点。存在少量阴刻纹样和戳点装饰，主要以符号的形式出现，极少出现具象图形装饰。刻划、施彩也是两种常见的装饰手法。在部分陶豆的镂孔周围和豆盘内发现涂有朱彩。刻划纹饰主要见于豆把，纹样有网形纹（斜方格）、人面纹、条纹、戳印小圆点和扁方孔等。部分豆盘较浅，豆把上仅装饰有圆形、三角形镂孔和凸棱纹。部分豆盘较深，豆把加高，垂棱微外撇，饰半镂孔。部分在豆盘上沿外侧饰弦纹，豆把中部饰凸棱一圈。有的陶豆镂孔与纹饰较为复杂，如标本 M10：20 的黑皮保存良好，在豆把上刻划一人首形图案，豆把中部饰三组多圈凹弦刻纹，并配以圆形、三角形镂孔装饰。标本 M12：9、标本 M2：5 豆盘弧腹浅盘，豆把呈喇叭形，高分别为 27.6 厘米和 26.6 厘米，显得特别高大，豆把中部饰多圈凹弦纹，弦纹间长方形戳孔镂空装饰。还有的豆把饰圆形镂孔，豆盘外表和豆把底部外表涂朱红彩。这些装饰技法，在新石器时代各类考古文化中罕见，显示了好川先民的智慧和巧思。

2. 丰富的 S 形曲线样式

好川先民在运用 S 形曲线设计陶器基线时非常熟练，如底足为圈足的 S 形鼓腹陶杯，可能受龙山文化影响，但比龙山文化的陶杯矮壮，感觉更饱满、活泼。这些 S 形陶器具有人体的抽象情感，尤其具有一种女性的丰满、流动、含蓄、变化的抒情性格的自然美，有一种动人的艺术魅力。曲线较直线更具灵活性，也更具装饰性。S 曲线是自由的线，但不是随意、无组织的线。它由两个弧线组成，是具有动感的曲线形，它既整又破、阴阳交错、虚实相生，是把正与反、张与弛的两种对立力量联合在一起达到和谐统一的神圣的曲线。S 形曲线造型法则的运用使好川文化陶器造型达到了较为完美的程度。如三嘴罐，其腹部及圈足的外廓线型构成了 S 形曲线的急缓两种变化。弯度相对较大的腹部外弧曲线呈现出一种突出、饱满和富有弹性、具有力度以及急速运动的情感；弯度较小的圈足内弧曲线则表现出一种缓缓流动的优美、轻松、柔和的感觉。这种 S 形曲线的曲率急、缓关系的调解、处理几乎达到了尽善尽美的程度。另在腹体外弧曲线的上端再接以颈部的短竖线，使罐体的上部出现一种坚实、稳健、向上、端正的美感。以外廓线的 S 形曲线为主体，再配以短直线的三嘴罐，简直是一种刚柔相济、稚气可掬的理想艺术品。

二、核心基因提取与评价

基于对材料的全面、深入分析,得出本文化元素的核心基因:"土壤肥沃、水系发达的自然环境""具有显著特征的出土陶器""卓越的制陶工艺"。

好川文化核心文化基因评价依据

评价项目	评价因子	评价依据(特点)	是否
生命力评价	文化基因存续的时间	自出现起延续至今,未曾明显中断	√
		自出现起延续至今,但多次衰微、中断后复兴	
		曾明显衰败,改革开放后开始复兴或历史溯源关键环节缺失,难以考证	
		文化形态主体已灭失,现存部分痕迹	
	文化基因的稳定性	在发展过程中保持相当稳定的状态	√
		在发展过程中存在明显的精神内涵、表现形式剧变	
凝聚力评价	文化基因的凝聚力及社会动员效果	曾广泛凝聚起区域群体的力量,显著推动过社会经济文化的发展	√
		曾部分凝聚起区域群体力量,对社会经济文化的发展产生过影响	
		凝聚过力量,创造过实际的发展动能,但未见对社会经济文化发展产生显著改变	
		仅在历史文献或口耳相传中存在,未见实际介入社会经济发展	

续表

评价项目	评价因子	评价依据（特点）	是否
影响力评价	辐射的范围	具有全国性、世界性的影响力	√
		具有长三角区域、浙江省影响力	
		具有市县、乡镇影响力	
	提炼的高度	已经被古代文人士大夫和当代学者提炼为精神符号和理念理论	
		单纯的样式、造型、工艺技术规范	√
发展力评价	与当代精神追求和价值观念的契合	传统文化基因得到创造性转化、创新性发展；区域革命文化基因被完整继承、广泛弘扬；区域社会主义先进文化基因成为与浙江"三个地"相适应的文化高地	√
		部分转化、部分弘扬、部分发展	
		难以转化、难以弘扬、难以发展	

说明：基因特点评价是对解码出来的基因，根据本《导则》表2的要求，围绕"四个力"逐一对表打"√"，进行定性表述

（一）生命力评价

好川文化是浙江省继河姆渡文化、马家浜文化、良渚文化之后确立的又一支考古学文化，是浙西南地区史前考古发掘研究的重大突破，填补了浙、闽、赣三省交界地区新石器时代考古的空白。好川墓地出土器物以陶器为主，其形制演变轨迹清晰，发展序列明确，器形丰富，颇具特色。它们构成了好川文化的鲜明文化特征。

（二）凝聚力评价

好川文化遗址位于浙江省遂昌县三仁畲族自治乡好川村岭头岗，地处丽水、金华、衢州三市交界处的仙霞岭南麓的大山深处，山高坡陡，森林茂密，雨量充沛，动植物资源丰富，可

供耕种土地稀少，距县城妙高镇约12千米，属山间低谷丘陵地貌，发源于好川西约8千米的忠溪经好川襟溪汇入松阴溪，属瓯江水系。好川文化是分布于浙西南仙霞岭山地的新石器时代末期的考古学文化。

（三）影响力评价

通过考古类型学排比、与相关文化的比较研究，推断出好川文化的年代上限在良渚文化晚期，下限至夏末商初，距今约4300—3700年，前后历时600年左右，属于分布在今瓯江流域、仙霞岭北麓山地的农耕兼营狩猎采集的史前文化。这是浙江省继河姆渡文化、马家浜文化、良渚文化之后确立的又一支考古学文化，是浙西南地区史前考古发掘研究的重大突破。

（四）发展力评价

好川文化首次考古发掘的揭露面积约4000平方米，共清理墓葬80座，出土玉器、石器、漆器、陶器等随葬品1028件（组），一个尘封数千年的远古部落展现在人们的面前。好川墓地规格之高，墓坑规模之大，出土文物之丰富，玉器、陶器制作之精美，令人叹服。好川文化与周边的良渚文化、昙石山文化、樊城堆文化、山背文化、肩头弄文化、马桥文化以及松阴溪流域商周文化有着密切的联系。同时它又有着自己浓厚的个性特征，它的文化面貌新颖独特，文化内涵丰富多彩，文化因素多元，因此许多考古学家将其命名为"好川文化"。

好川墓地贵族、平民墓区的发现与揭示，为中华文明起源研究提供了不可多得的个案资料，具有十分重要的学术价值。好川先民生活的环境、民俗风情、住宅建筑风格等未知领域，都有待于考古研究者对好川文化遗址周围地区作进一步勘探发掘和深入探索研究。

三、核心基因保存

"土壤肥沃、水系发达的自然环境""具有显著特征的出土陶器""卓越的制陶工艺"作为好川文化的核心基因,有《中国史前漆器文化源与流——中国史前生漆文化研究》《好川墓地陶豆的造型装饰与风格特征》《论好川文化陶器造型》《好川墓地》等文字资料,保存于遂昌县文化基因解码调查组资料库。实物材料保存于好川文化遗址中。

广场舞文化
汤公遗爱　遂昌文化基因

广场舞文化

近年来，遂昌县主动迎合群众"秀舞"需求，将广场舞作为公共文化服务特色谱系，以带动更广泛群众参与广场健身为目标，推动广场舞活动组织化、规范化、标准化、品牌化发展为理念，通过培训、管理、服务、交流，为全县广大舞友提供学习提升的阵地、展示交流的平台、享受服务的渠道。遂昌县在广场舞的组织管理、推广普及、专业提升、特色活动开展等方面取得了丰硕的成果，形成具有地方特色的公共

文化供给体系，受到群众广泛认可和社会深度关注。

2015年，遂昌县150多支广场舞团队全部加盟县广场舞（排舞）协会，协会会员包括全县20个乡镇（街道）及社区2万多名广场舞爱好者，行政村和社区平均已有3支以上的广场舞团队。协会主席张珍、紫蝶团队带头人等一大批广场舞带头人的创编和教学事迹被中央电视台、浙江电视台中国蓝等的多个栏目专题报道。历时10年的群众文体品牌活动——"遂昌广场健身舞沙龙"享誉全国，在线上和线下受到广大广场舞爱好者的热捧，在持续举办了32期的广场舞沙龙中，共有160支队伍参与，参演人员达1万多人次。有10万多群众驻足观看，线上网络视频有630多个，点击超亿次。2018年，该广场舞沙龙成功入选全国广场舞优秀案例。

在未来，遂昌县广场舞（排舞）将秉承扎根群众、带动群众、服务群众的宗旨，依托现有的组织网络、机制架构、活动平台，继续致力于广场舞教学内容、教学方式的研究，以及广场舞活动管理方式、交流形式、推广载体的创新实践，探索"舞旅融合"新业态的突破口和结合点，不断创新、完善遂昌广场舞服务基层群众的模式，让遂昌广场健身的传播广度、艺术高度、内容鲜度和品牌宽度都得到大幅提升。

一、要素分解

（一）精神要素

1. 规范、有序的发展理念

遂昌县广场舞（排舞）协会在2021年组织化程度明显提高，基本达到群众跳到哪、协会服务跟到哪的目标；推动居民广场舞活动更加规范、有序发展，营造不扰民、不纷争的良好氛围；推进广场舞受惠人群更加广泛，实现由"人人都想跳"到"人人都会跳"的转变，尤其加大了农村广场舞的普惠程度；提高广场舞品牌化、特色化水平，深化"广场舞沙龙"品牌影响力，打响覆盖全县、带动全市、影响全国的山区群众广场舞健身品牌；依托遂昌优质的山水旅游和特色乡村民宿资源，针对广场舞舞民这一特定消费群体，以打造广场舞特色村、特色民宿、特色街区等载体，通过承办广场舞交流活动、团队聚会

等，创新"舞旅"融合新模式，打造乡村文化旅游新业态。

2. "舞动山城、秀美人生"的习舞精神

遂昌广场舞（排舞）协会以"舞动山城、秀美人生"为工作宗旨，开展系列活动，增进县内外广场舞交流，从而提高广场舞爱好者的舞蹈技术和水平，促进全县广场舞文化的发展。坚持以带动更广泛群众参与广场健身为目标，推动广场舞活动组织化、规范化、品牌化发展为理念，通过整合培训、管理、服务、交流等功能，为广大舞友提供学习提升的阵地、展示交流的平台、享受服务的渠道，在广场舞活动组织管理、推广普及、专业提升、特色活动开展等方面取得了丰硕的成果，受到群众认可和媒体关注。

（二）制度要素

1. 健全的网格化管理体系和标准

针对全县广场舞团队城乡多元、点多线长面广的特点，遂昌县搭建以协会为核心、乡镇和社区为纽带、舞场为支点的三级网络，要求每个舞场建立一个微信群，并吸纳每个舞场带头人为会员，畅通协会与会员、会员与会员、舞民与舞民之间的沟通交流渠道，形成协会服务与群众需求高效对接机制，通过三年努力，建成完善的组织体系和工作机制，强化对基层舞民的组织化管理和零距离服务，让广场舞服务普惠全县203个行政村。

2. 优质的教育展示窗口

为了促进遂昌广场舞的良好发展，遂昌县搭建平台、建设优质教学展示窗口。针对群众水平不一的情况，遂昌县分设初、中、高三个不同层级的教学课程，以群众需求为立足点，提供针对性的教学服务；继续壮大骨干教学团队力量，培养团队成员的志愿服务精神，采取集中培训、划片指导、结对帮扶等多种形式的常态化教学服务活动，为农村群众提供更加贴心、更加优质的服务。同时，遂昌县紧跟国家规范和时尚潮流，不断规范和完善教学体系，与时俱进，不断更新教学内容，同时结合本地文化和区域特

色，开展特色精品广场舞创编工作，推进广场舞教学展示活动向专业化、高品位目标发展。

3."四有"标准

按照"有场地、有带头人、有设备、有纪律"的四有标准，遂昌县出台了具体的广场舞健身活动规则，以规范的团队建设，引导和组织群众有序开展健身活动，最大限度地消除了广场舞活动产生的负面效应。

（三）语言和象征符号

1."舞出遂昌美形象"品牌形象

遂昌广场舞（排舞）协会坚持党的基本路线，坚定不移地宣传、贯彻党的各项方针政策，坚持文化贴近实际、贴近生活、贴近群众的原则，开展丰富多彩、形式多样的社区群众文化活动，不断满足广大群众日益增长的文化生活需求，营造积极健康向上的文化氛围，用优秀的文化作品鼓舞人，用先进的文化理念统领人，为遂昌的跨越式发展和构建和谐社会做出新的贡献。

协会秉承"舞出遂昌美形象"的品牌打造理念，对本地山水文化、乡土文化进行深入研究，积极开展并坚持完成了《各族儿女心向党》《最忆遂昌山水》《幸福家园》3个特色精品广场舞的创编工作，受到歌曲原创者和舞民朋友的点赞，妇联原创歌曲《铿锵女儿行》，也即将向大众推广。

2.丰富的影音舞蹈视频

2021年，遂昌录制的广场健身舞教学视频有：《幸福家园》（原创作品，选送央视）、《各族儿女心向党》、《最忆遂昌山水》、《红尘蝶恋》、《珊瑚颂》、《万疆》、《灯火里的中国》、《绣红旗》等20余个教学视频。

2021年4月30日上午，遂昌县广场舞（排舞）协会在古院广场完成排舞《走进新时代》的拍摄。这是2021年浙江省排舞广场舞协会万人共舞曲目。本次拍摄视频作为全省万人共舞主会场的背景视频。

二、核心基因提取与评价

基于对材料的全面、深入分析,得出本文化元素的核心基因:"规范、有序的发展理念""'舞动山城、秀美人生'的习舞精神""健全的网格化管理体系和标准"。

广场舞文化核心文化基因评价依据

评价项目	评价因子	评价依据(特点)	是否
生命力评价	文化基因存续的时间	自出现起延续至今,未曾明显中断	√
		自出现起延续至今,但多次衰微、中断后复兴	
		曾明显衰败,改革开放后开始复兴或历史溯源关键环节缺失,难以考证	
		文化形态主体已灭失,现存部分痕迹	
	文化基因的稳定性	在发展过程中保持相当稳定的状态	√
		在发展过程中存在明显的精神内涵、表现形式剧变	
凝聚力评价	文化基因的凝聚力及社会动员效果	曾广泛凝聚起区域群体的力量,显著推动过社会经济文化的发展	
		曾部分凝聚起区域群体力量,对社会经济文化的发展产生过影响	√
		凝聚过力量,创造过实际的发展动能,但未见对社会经济文化发展产生显著改变	
		仅在历史文献或口耳相传中存在,未见实际介入社会经济发展	

续表

评价项目	评价因子	评价依据（特点）	是否
影响力评价	辐射的范围	具有全国性、世界性的影响力	
		具有长三角区域、浙江省影响力	√
		具有市县、乡镇影响力	
	提炼的高度	已经被古代文人士大夫和当代学者提炼为精神符号和理念理论	
		单纯的样式、造型、工艺技术规范	
发展力评价	与当代精神追求和价值观念的契合	传统文化基因得到创造性转化、创新性发展；区域革命文化基因被完整继承、广泛弘扬；区域社会主义先进文化基因成为与浙江"三个地"相适应的文化高地	
		部分转化、部分弘扬、部分发展	
		难以转化、难以弘扬、难以发展	

说明：基因特点评价是对解码出来的基因，根据本《导则》表2的要求，围绕"四个力"逐一对表打"√"，进行定性表述

（一）生命力评价

遂昌广场舞以"送培训"带动群众参与，组织教学骨干深入基层广场舞点开展分散的常态化教学工作，把规范专业的舞蹈技能手把手传授给一线广场舞群众，指导他们掌握科学动作要领。近五年来已累计开展下乡集中培训100多批次，参与培训人员达7000多人次，骨干们常年穿梭于各舞场开展分散教学活动，推进广场舞受惠人群更加广泛，实现由"人人都想跳"到"人人都会跳"的转变，尤其加大了农村广场舞的普惠程度，受惠群众达万余人。

（二）凝聚力评价

遂昌广场舞培养了一批优秀教学团队。从基层广场舞点

选拔教学人才成立骨干教学团队，目前已培养出一支由50多人组成的教学队伍。组织骨干教学人员赴杭州等地参加专业广场舞（排舞）培训活动，并邀请全国知名广场舞教练前来指导。目前已参加6次省级健身舞（排舞）培训，国家级教学培训4次，团队中有2人取得国家级社会体育指导员资格。

（三）影响力评价

遂昌县广场舞不仅注重活动的普及和组织，更将全面提升全县广场舞健身活动的艺术品位作为目标，统筹推出组织网络建设、舞蹈教学培训、作品创作编排等系列活动，让全县广场舞爱好者不仅参与其中、乐在其中，而且接受正规的培训，规范动作、提升舞技。目前协会已吸纳城乡广场舞团队150支，近三年来累计开展集中培训20多批次，参与培训人员达1800多人次；创成《昆曲排舞牡丹亭》《形体舞遂昌之恋》《扇舞醉美遂昌》等多个优秀广场舞作品，其中，《昆曲排舞牡丹亭》荣获丽水市第七届乡村艺术节乡村广场舞对抗赛金奖。

（四）发展力评价

遂昌广场舞交流展示成效显著：由协会选送的《昆曲排舞牡丹亭》《文明花开遍遂昌》连续两次上榜央视十五套广场舞金曲栏目展播评比活动，并荣登TOP1；遂昌县广场舞（排舞）协会受到央视高度关注，协会组织的广场舞队2次受邀参加央视广场舞金曲栏目，录制了13首广场舞曲目；协会会长张珍的广场舞创编和教学事迹被中国蓝《周末面孔·正能量奋斗者》节目报道。

此外，遂昌广场舞采取"晒出去"和"请进来"相结合的交流方式，通过宣传群众广场健身文化传播遂昌美丽山水和美丽人文。一方面，将群众展示成果制作成精品视频，通过网络平台进行展示，并受邀参加央视广场舞金曲录制节目，借势推介遂昌优良的生态环境和浓厚的群众健身文化氛围；另一方面，邀请国家级、省级知名教练前来培训授课，打造全省乃至全国性的广场舞培训基地，同时邀请外地广舞团队前来参加"广场健身舞沙龙"活动。

三、核心基因保存

"规范、有序的发展理念""'舞动山城、秀美人生'的习舞精神""健全的网格化管理体系和标准"作为广场舞文化的核心基因,有相关文字资料保存于遂昌县文化基因解码调查组资料库。

昆曲十番

汤公遗爱　遂昌文化基因

昆曲十番

十番是我国民间音乐文化中极具特色的一种器乐形式，兴起于明末，在浙江、福建、广东等地民间喜闻乐见，因由若干丝竹曲段与锣鼓段作轮番变化演奏而得名。所谓"番"，既是数量名词，也含"轮"之意。通常情况下，十番所演奏的音乐多是南北曲曲牌或民间小调、戏曲音乐。因各地十番的番数不一，也有以某乐器为主体编成一番（即一段）的方法轮番演奏，统称为"十番"。各地的十番因乐器组合和演奏乐曲的不同而形成不同的风格特征与流派，因而被冠以具有地方特色的名称。如福建省龙岩市的"闽西客家十番音乐"、福建省福州市的"茶亭十番音乐"、江苏省淮安市的"楚州十番锣鼓"、江苏省扬州市的"邵伯锣鼓小牌子"、浙江省杭州市的"楼塔细十番"、福建省莆田市的"黄石惠洋十音"、广东省佛山市的"佛山十番"、海南省海口市的"海南八音器乐",以及浙江省遂昌县的"遂昌昆曲十番"等。

遂昌文化底蕴深厚,好川文化、汤显祖文化、红色文化、民俗文化等争奇斗艳。遂昌昆曲十番传承至今,被誉为"音乐的活化石"。遂昌昆曲十番是流行于遂昌民间的一项传统器乐演奏形式,以农民演奏为主体。演奏内容多为古朴典雅的"南北词曲"名剧套曲,曲调高雅,韵味隽永,汤显祖《玉茗堂四梦》昆曲曲牌入十番的尤其多。在各地十番家族中将昆曲唱谱用作器乐曲演奏的,似仅见于遂昌十番,可见其有着独特的风格和艺术特色。

遂昌昆曲十番的早期形成尚无史籍明确记载。据学界考证,其起源于明代。汤显祖在南京近十年,接触了在苏南地区广为流传的昆山腔。之后汤显祖任遂昌知县,推进了昆曲在遂昌的传播,对当地民间文化产生了积极影响。即使汤显祖弃官回家乡临川后,仍与遂昌保持密切往来,他创作完成的《玉茗堂四梦》很快传至遂昌,得到传习。当地群众传习昆曲,并把昆曲演奏运用于民间音乐生活之中,从而形成了"昆曲十番"的表演形式。

清代,昆曲十番在遂昌盛极一时。1931年湖山奕山村署名"空我"的传抄本《昆山遗韵》和1949年石练镇石坑口村萧根其抄本《白雪阳春》,较为完整地反映了清末和民国期间遂昌昆曲活动的概况,其中记录遂昌人演(奏)唱昆曲有十番、锣鼓调、坐唱班、昆腔班四种形式,民间仍把《玉

茗堂四梦》曲牌作为十番主要传习演奏曲目，并广泛运用于民间的迎神活动，如七月会、大柘灯会、县城（妙高）龙灯、奕山打醮等。新中国成立后，遂昌昆曲十番随着民间庙会仪式活动的终止而沉寂了几十年。

改革开放以来，有关部门在湖山乡奕山村扶植了一支以中老年为骨干的十番队，恢复演出《出鱼》等部分乐曲。又逐渐恢复县城、石练、大柘等地的十番队，遂昌昆曲十番渐渐复苏，其价值也逐渐得到社会各界的认可。2003年，遂昌昆曲十番被列入"浙江省民族民间艺术保护工程扶持名录"。2007年，遂昌昆曲十番由遂昌县申报，被列入第二批浙江省非物质文化遗产名录；2008年，遂昌昆曲十番由遂昌县申报，被列入第二批国家级非物质文化遗产名录。近年来，遂昌昆曲十番广泛活跃在民间礼俗和社会文艺活动场所中。

一、要素分解

（一）物质要素

1. 悠久的历史文化

遂昌昆曲十番作为一种器乐演奏形式，历史十分悠久。早在宋代，遂昌县石练乡民就在石坑口村立有蔡王庙，祭祀五代时避难于此的蔡氏二十四兄弟，形成了庙会文化。每年农历七月，石练十六坦的乡民都要举行盛大的祭祀仪式，俗称"石练七月会"，人们抬着信仰之神"蔡王大帝"巡游各坦，以祈五谷丰登，保四方太平。在巡游队伍中，器乐演奏是渲染庙会文化气氛、娱乐助兴的重要形式。

2. 独具特色的乐器

遂昌昆曲十番的乐队，严格按照民乐队的器乐功能分组别

类配置，有弦乐、吹奏乐、弹拨乐和打击乐等之分，主要由笙、笛、梅管（民间自制）、云锣、扁鼓、胡琴、提琴（即提胡，板胡式，琴筒由蛇皮材料蒙制而成的弦乐器）、双清（民间自制）、三弦等乐器组成。其中梅管、提琴、双清属当地的特色乐器，极大地丰富了乐队的音色效果。

3. 丰富的演奏内容

汤显祖任遂昌知县期间，在下乡劝农耕作之闲，与诸生讲德问字，传唱昆曲，把昆曲与"石练七月会"上的器乐演奏相互融合，形成了别具一格的"昆曲十番"。遂昌昆曲十番由笙、笛、梅管、云锣、扁鼓、胡琴、提琴、双清、三弦等乐器组合，演奏传统名剧《牡丹亭》《紫钗记》《南柯记》《邯郸记》《长生殿》《浣纱记》等剧目的昆曲曲牌。据专家考证，遂昌昆曲十番与现时流行的昆曲有所不同，其演奏内容独具特色，是遂昌民间宝贵的文化遗产。

4. 原生态的传承基地

2000年，遂昌县文化部门在石练镇石坑口村调研，恢复了昆曲十番，遂昌县政府公布石练镇石坑口村为昆曲十番传习基地。石练镇是遂昌昆曲十番目前的原生态传承基地，每年农历七月，这里会举办"七月会"。这项民俗活动起源于宋代，兴盛于明代，是当地农民庆祝丰收和迎接"蔡相大帝"出巡的一项传统庙会活动。汤显祖任遂昌知县时，戏曲盛行，庙会由此成了"会戏"活动，为了营造隆重的气氛，昆曲十番演奏队是巡游队伍中必不可少的。年年如此，一直传承至今。

5. 具有地域特色的传承学校

为了更好地传承和发扬汤显祖文化，遂昌在2002年就启动了以昆曲十番为核心的汤显祖文化进校园活动，并于2008年同时在遂昌实验小学、遂昌石练小学创办了昆曲十番传承教学基地，以戏曲进校园的形式，传承弘扬独具地域特色的昆曲十番。自遂昌实验小学成为昆曲十番传承基地以后，学校为了让师生知昆曲、懂昆曲、传承昆曲，还成立了昆曲十番社团，请专业人士教授师生昆曲文化。遂昌在戏曲进校园方面还注重挖掘保护昆曲十番的地域特色，聘请当地老艺人为学生们传授传统演奏方法。遂昌县湖山乡在昆曲十番发展过程中也形成了独特的"武十番"文化。为了不让这一独具地方特色的昆曲十番戏种消失，湖山乡中心小学开设了昆曲欣赏课，请当地老艺人为学生授课，让"武十番"这一独特的昆曲十番戏种在湖山乡中心小学再次焕发出新的活力。

自遂昌开展昆曲十番进校园活动以来，青少年们接受了专业、系统的昆曲十番学习，承担起了保护、传承、开发遂昌昆曲十番的任务，逐渐形成"人人会唱昆曲十番，人人爱唱昆曲十番，人人弘扬昆曲十番"的新风尚。

（二）精神要素

1. 孜孜不倦、无私奉献的精神

朱景雄自毕业后一直从事乡村教育工作，自18岁起就跟随师傅朱象良、朱坛贤学习昆曲十番。朱景雄喜爱传统音乐，精通工尺谱、简谱，擅长演奏二胡、三弦、月琴，其他十番乐器也都会演奏。他在宣传队把工尺谱翻译成简谱供村民学习，并参加了多次文化演出。后来学习昆曲十番的年轻人多了起来，朱景雄就手把手教他们昆曲十番，湖山乡昆曲十番队伍就此扩大。

从1982年以来，朱景雄一直从事昆曲十番表演及传承，40年来，从未间断翻译曲谱及传承教育工作，带徒15人，经常参加各地的文化传承等宣传活动。朱景雄与文化部门工作人员一起，收集整理民间曲谱抄本、十番演奏的图片和音像资料，建立了遂昌昆曲十番艺术档案，成立了昆曲十番传承基地和传承学校。朱景雄担任浙江省非遗教学传承基地、湖山乡中心小学十番队老师，经常辅导学生演奏昆曲十番。朱景雄热爱非遗事业，热心传承昆曲十番，为保护传承优秀传统文化做出了重要贡献。

2. 健康向上的乐观精神

在遂昌，有一户远近闻名的昆曲十番传承之家，家长吴发是县文化馆退休馆员、遂昌县首批昆曲十番传承人，对昆曲十番有着深入的研究。退休后，吴发致力于十番艺术的传承，为弘扬这一传统艺术，吴发带上儿子先后组建了遂昌县十番示范队、石练小学十番队、老年大学十番队等多支十番表演队伍，数百名青少年和民间音乐爱好者参与到昆曲艺术的展示中来。作为老年大学器乐班的老师，他寓教于乐，组织开展各种生动活泼的课外沙龙活动，让每个学员都有上台展示才艺的机会，在学习十番中展现了老同志健康向上的精神风貌。

（三）制度要素

1. 以笛主奏、突出旋律的艺术特征

遂昌各地演奏"十番"器乐曲，都以笛为主奏，所选用的笛子，与昆曲的风格相吻合，演出效果突出了昆曲旋律的艺术特点，让观众一听就解其曲风。这样的艺术表现手法，再现了该器乐曲的历史构成，展现了器乐曲的艺术特性，是艺人们经过长期演奏并发展提升演奏技能形成的一种独特的器乐表现手法，也是臻于成熟的艺术标志。它并不会以地方的不同或艺人技术手法的差异，变化成不同的乐种，或衍化为不同的表现方式，而是沿着几百年共同走过的艺术道路，共同树立起的艺术概念和历史性的艺术实践，塑造出艺术样式和表现手法相同的发展方式和实践模式。这种以笛为主奏突显昆曲旋律的表现手法，显示出遂昌昆曲十番演奏表现手法的普遍性和规范性，充分地阐述了该器乐音乐构成和器乐演进的规律性。不仅体现在以往的年代，而且对当代人们的实践活动做出了强有力的艺术理论基础的指导，并促成人们沿着优秀传统的轨道前进。

2. 分工明确、音色明晰的表现手法

遂昌县各地演奏"十番"的乐器配备基本相同，演奏时乐器分工明确，主次清晰，伴奏丰富，演奏效果超脱于一般民间器乐的演奏。如弹拨乐器在某些曲段起着描写意境、抒发轻松情绪的作用，点缀得恰如其分，展现了艺术手法的多元性。器乐曲的表现手法是不同乐器演奏效果的合成物，各种乐器搭配得当，分工明确，配合巧妙，在不影响音乐主题形象的前提下，适应欣赏者的审美需求，展现了器乐曲更高层次的审美价值。

3. 以师带徒的传承方式

昆曲十番的传承遵循以师带徒的方式，并以工尺谱为媒介口传心授。师傅口唱工尺谱，一曲曲、一句句地教，徒弟一曲曲、一句句地背。边背工尺谱，边学习演奏一件乐器，然后逐渐实践，边学边奏，直至逐曲熟练。现在，遂昌石练镇除了石坑口村这一支由老艺人们组成的十番队，还有中街女子十番队和一个专门的传承学校，以保证这个民间艺术瑰宝能有效有力地传承下去，不断焕发生命力和独特魅力。

（四）语言和象征符号

遂昌昆曲十番所演奏的曲目中最著名的是明代著名剧作家汤显祖的《牡丹亭》。一部《牡丹亭》，百年缠绵曲，让每一个人着实感受到民族文化艺术的魅力。近年来，遂昌也建立起了昆曲十番传承学校，不断加强与浙江昆剧团、浙江越剧团等专业剧团及影视公司合作，营造"满城竞唱《牡丹亭》"的汤显祖文化传承氛围，全力打造汤显祖文化第一县域品牌，为高质量发展建设共同富裕示范区注入强大文化力量。

二、核心基因提取与评价

基于对材料的全面、深入分析，得出本文化元素的核心基因："独具特色的乐器""孜孜不倦、无私奉献的精神""以师带徒的传承方式"。

昆曲十番核心文化基因评价依据

评价项目	评价因子	评价依据（特点）	是否
生命力评价	文化基因存续的时间	自出现起延续至今，未曾明显中断	
		自出现起延续至今，但多次衰微、中断后复兴	√
		曾明显衰败，改革开放后开始复兴或历史溯源关键环节缺失，难以考证	
		文化形态主体已灭失，现存部分痕迹	
	文化基因的稳定性	在发展过程中保持相当稳定的状态	√
		在发展过程中存在明显的精神内涵、表现形式剧变	
凝聚力评价	文化基因的凝聚力及社会动员效果	曾广泛凝聚起区域群体的力量，显著推动过社会经济文化的发展	√
		曾部分凝聚起区域群体力量，对社会经济文化的发展产生过影响	
		凝聚过力量，创造过实际的发展动能，但未见对社会经济文化发展产生显著改变	
		仅在历史文献或口耳相传中存在，未见实际介入社会经济发展	

续表

评价项目	评价因子	评价依据（特点）	是否
影响力评价	辐射的范围	具有全国性、世界性的影响力	√
		具有长三角区域、浙江省影响力	
		具有市县、乡镇影响力	
	提炼的高度	已经被古代文人士大夫和当代学者提炼为精神符号和理念理论	√
		单纯的样式、造型、工艺技术规范	
发展力评价	与当代精神追求和价值观念的契合	传统文化基因得到创造性转化、创新性发展；区域革命文化基因被完整继承、广泛弘扬；区域社会主义先进文化基因成为与浙江"三个地"相适应的文化高地	√
		部分转化、部分弘扬、部分发展	
		难以转化、难以弘扬、难以发展	

说明：基因特点评价是对解码出来的基因，根据本《导则》表2的要求，围绕"四个力"逐一对表打"√"，进行定性表述

（一）生命力评价

昆曲是中华文化艺术的瑰宝，被联合国教科文组织列为人类口头和非物质文化遗产代表作。昆曲兴起于明代中期，汤显祖的作品传到了遂昌，在地方形成了昆曲十番表演，几百年来在民间传承。昆曲十番以农民为演奏主体，以演奏传统名剧《牡丹亭》《紫钗记》《南柯记》《邯郸记》《长生殿》《浣纱记》等为主，至今已400多年，形成别具一格的艺术特色。

（二）凝聚力评价

在丽水遂昌县，有一户远近闻名的昆曲十番传承之家，三代人常常坐在门前的小院子里，其乐融融地合奏着二胡。2004年，退休后的吴发在石练小学里发展出一支既会演奏又

会唱的十番乐队，之后他陪着学校里10多个班级的学生和20多位老师一起练习。凭借对昆曲十番的深入研究，吴发与作为汤显祖传承基地辅导员、省音乐家协会会员的儿子吴晓狄先后组建起遂昌县城、石练小学、老年大学、石练女子、石坑口农民、湖山武十番、实验小学等多支十番表演队伍，凝聚起了强大的力量，共同将这项宝贵的文化遗产传承下去并发扬光大。

（三）影响力评价

在遂昌石练淤溪村，昆曲十番已经成了村民生活的"必需品"，"锄头一挂就会琴棋书画，篮子一放就会吹拉弹唱"是对淤溪村村民的真实写照。如今，淤溪村的十番表演队非常红火，不仅在自家门口有游客"点播"，还应邀到上海、杭州等大城市表演。"石练十番"名扬在外，早已成为遂昌石练的一张充满文化魅力的金名片。

（四）发展力评价

遂昌昆曲十番多为口头传唱，在民间传承。当地农民一手捧起茶业，一手操起十番乐。昆曲十番作为非遗文化之一，其婉转悠扬的曲乐吸引了来自世界各地的游客。随着昆曲十番被列入非遗文化，越来越多的人了解到这一表演形式。昆曲十番的传承之路或许还存在障碍，但是永远不会断裂。

三、核心基因保存

"独具特色的乐器""孜孜不倦、无私奉献的精神""以师带徒的传承方式"作为昆曲十番的核心基因,有《遂昌"昆曲十番"音乐研究》等8项文字资料,保存于遂昌县文化基因解码调查组资料库;另有12项图片资料保存于遂昌县文化基因解码调查组资料库。

"浙江文化基因丛书"后记

浙江濒海多山,古为百越之地,地少民贫。先民断发文身,披荆斩棘,筚路蓝缕,艰苦创业,卧薪尝胆,徐图自强,始稍为中原所识。山海情怀,越地长歌,独特的地理人文环境孕育出浙江艰苦奋斗、励精图治、百折不挠、勇攀高峰的地域文化性格和兼容并包、发展创新的人文精神。因以鸟虫篆、《越人歌》为表征的楚越文化交融和徐偃王流亡越地、勾践北上争霸等历史事件的发生,越地逐渐融入中原文明。及至东晋衣冠南渡,中原贤良缙绅避乱会稽,兰亭雅集、永嘉诗会,王谢风流所及,中原文化和越文化相互碰撞融合,这片神奇的土地在吸收大量中原先进文化基础上,生发出更多独具特色、丰富璀璨的文化颗粒,散点分布于浙江的山山水水之间。

隋唐以降,一条大运河通到钱塘,凡所流经之县域,皆成人文渊薮。浙东唐诗之路,如明珠嵌璧;越窑青瓷,千峰翠色风靡长安。浙江依托这条水上"高速公路"迅速崛起,在经济高效快速地融于全国的同时,也向全国展现了别样精彩的浙江文化,对中原产生巨大影响。唐末五代中原战乱之际,吴越国钱王保境安民,举世惶惶而越地独安,浙江又一次成为全国士子避祸传学之地,浙江的原生文化和中原文化水乳交融,极大地提高了浙江的人文学术水平。及至南宋定都临安(今浙江杭州），孔裔迁衢，杭州乃至浙江逐渐成为中华文化传承发展中心、全国的文化学术高地。有元一代，人文日渐凋敝，而浙江独领风骚。湖州赵孟頫成为有元一代赓续中华文脉之砥柱。赫赫有名的"元四家"，黄公望（常熟人，曾隐居富春）、王蒙（湖州人，曾隐居临平）、吴镇（嘉兴人，曾卖卜钱塘）、倪瓒（无锡人，曾浪迹太湖）在学习传承赵孟頫的文化艺术精髓基础上，各显其能，自成面目，为传承发展中华文化艺术作出了卓越贡献。明清以来，浙江士林，更为全国翘楚，文化勃兴，领袖群伦。浙江文脉渊深，有容乃大，继承发展，才俊迭起。事功之学、阳明心学、浙东学派、南戏越剧、《古文观止》、丝瓷茶剑、西泠印社、兰亭雅集等，更是中华文化中耀眼的明珠。浙东音声，渐如潮涌；黄钟大吕，照灼云霞。

晚清时期，中华危亡。辛亥鼎革，浙江文化所孕育的优秀儿女更是为中华千古未有之变局作出了重要贡献，秋瑾、徐锡麟、蔡元培、章太炎、鲁迅等，允文允武，可歌可泣，数不胜数。为全面赶上世界发展，全省各地掀起了重视文教事业、培养人才、发展经济的高潮。各类藏书楼、图书馆、新式院校纷纷创设，浙江人又一次发扬卧薪尝胆、奋力赶超的浙江精神，使浙江成为当时全国省域文化发达、人才众多的省份。

新中国成立后，浙江人励精图治，无论干部还是群众，都本着务实精神，立足现状，踔厉前行。即便在"文革"时期，浙江的经济、文化发展水平都显著好于其他兄弟省市，这和浙江人文内核的务实精神和文化基因的原生动力息息相关。改革开放以来，浙江更是勇做弄潮儿，充分发挥"四千精神"，培养人才，发展经济，以全国陆域较少、自然资源缺乏的省份，一举成为名列前茅的文化大省、经济强省。

历数千年，浙江以落后的山林草野原生文化，不断与吴楚和中原文化交融互鉴，融合创新，发展壮大，绝非历史偶然。浙江以其独特的文化基因和历史面貌正引起国内外专家学者的广泛兴趣，以期通过对浙江文化的研究来更好地理解中华文明，为中华文明的伟大复兴寻径探源，通过解析全省多点、散点分布的各类文化颗粒和文化价值观、文化形态、文化载体，系统研究、条分缕析在地文化基因和独特的文化原动力。构建中国文化基因理念体系，挖掘文化遗产背后蕴含的哲学思想、人文精神、价值观念、道德规范，是一项新课题、新任务。浙江在推动高水平文旅融合、建设共同富裕示范区的进程中，以解码文化基因为切入点，为构建中国文化基因理念体系提供地方经验。

研究浙江文化基因，就是对披着传统文化外衣的各类庸俗低俗的迷信活动加以甄别，科学分析，正本清源。以挖掘、激活浙江的优秀文化基因为抓手，推进文旅深度融合；有机整合乡村文化礼堂、农家书屋、场馆院团、城市书房等城乡文化资源，丰富群众文化活动。拓展新型公共文化空间，持续推动优质文化资源直达基层。为人民群众创造一个良好的文化大环境，强化文化自觉和文化自信；为浙江文化高质量传承发展厘清路径，为新时代浙江发展优秀的社会主义先进文化打好基础。文化兴则国运兴，文化强则民族强。文化基因的研究以及激活应用是浙江建设文化强省的重要切入点，是民智之本、百年大计。

我们要深入学习贯彻党的二十大精神和习近平文化思想，全面挖掘和激活浙江文化基因，推动新时代中国特色社会主义文化建设。以高质量发展为目标、融合发展为重点，紧扣激活优秀文化基因、提供优秀文化产品这个中心，厚植浙江经济社会发展文化软实力。

2024年1月，全省宣传思想文化工作会议提出，要全面贯彻习近平文化思想。浙江作为文化大省，肩负起新时代文化使命，在优秀传统文化的传承发展领域开展了积极的探索。我们要不断学习贯彻习近平总书记关于中华优秀传统文化的重要论述和关于文明交流互鉴的重要论述，让文化基因的研究成果走入校园、走进课堂，成为鲜活的爱国主义教育载体、生动的"课程思政"教育实践、开放的当代青少年国际视野素养培育抓手。将浙江文化基因研究成果制作成微视频"浙江文化基因"课程（双语），通过教育信息技术实现从碎片到整体、从实地到课堂、从单一到系列的 MOOC/SPOC 转换，实现浙江文化基因在青少年群体中的代际传递，助力文化基因融入当代、植根青年，实践出一条富有浙江特色的文化传承发展新路径，为中国"培养社会主义建设者和接班人"这一宏伟目标服务。

若有所成皆非易，凝心聚力要躬行。各地课题组在当地乡土专家和各地高校文史专家的鼎力协助下，进深山到大海，调研足迹遍布海壖山陬。通过田野调查、走访座谈、查阅历史卷宗、参考海量文献，历时五年形成的研究成果，凝聚了全省各地众多专家学者和乡土文化耆老的心血，他们为浙江的文化事业作出了很大贡献。致敬他们文化溯源的热忱，学习他们极深研几的精神，真诚感谢他们无私奉献的情怀。由于篇幅有限，涉及面广，无法一一详列参与者，在此一并致谢！

吴　越
甲辰年秋于杭州